The Semantics and Syntax of Chinese Indefinite NPs
汉语无定名词短语的语义和句法

王广成 著

北京大学出版社
PEKING UNIVERSITY PRESS

图书在版编目(CIP)数据

汉语无定名词短语的语义和句法/王广成著. —北京:北京大学出版社,2013.10
(语言学论丛)
ISBN 978-7-301-23375-7

Ⅰ.①汉… Ⅱ.①王… Ⅲ.①汉语—名词—短语—语义—研究 ②汉语—名词—短语—句法—研究 Ⅳ.①H146.3

中国版本图书馆 CIP 数据核字(2013)第 254558 号

书　　　　名:	汉语无定名词短语的语义和句法
著作责任者:	王广成　著
责 任 编 辑:	肖凤超
标 准 书 号:	ISBN 978-7-301-23375-7/H・3419
出 版 发 行:	北京大学出版社
地　　　　址:	北京市海淀区成府路 205 号　100871
网　　　　址:	http://www.pup.cn　新浪官方微博:@北京大学出版社
电 子 信 箱:	xfc203@126.com
电　　　　话:	邮购部 62752015　发行部 62750672　编辑部 62759634 出版部 62754962
印　　刷　者:	三河市博文印刷厂
经　　销　者:	新华书店
	650 毫米×980 毫米　16 开本　9.75 印张　141 千字 2013 年 10 月第 1 版　2013 年 10 月第 1 次印刷
定　　　　价:	22.00 元

未经许可,不得以任何方式复制或抄袭本书之部分或全部内容。
版权所有,侵权必究
举报电话: 010—62752024　电子信箱: fd@pup.pku.edu.cn

本书获得

教育部人文社会科学研究项目
资助(09YJA740071)

前　言

　　本书研究的对象是除专有名词、指示词+名词、限制性修饰语+名词等形式之外的其他各类名词短语,包括其语义解释和句法分布两方面。研究内容主要是这些名词短语在句法和语义方面的不同表现及其对应关系。研究的方法涉及话语表达理论、广义量词理论、(广义)映射假说、事态语义学等理论框架。

　　全书共分六章。第一章为引言,包括四小节。第一节对所研究的汉语无定名词短语进行界定和分类;第二节介绍本书的主要内容;第三节阐述本书的理论框架和基本观点;第四节介绍本书的章节安排。

　　第二章主要讨论与无定名词短语语义密切相关的几对基本概念,包括有指与无指、定指与不定指、实指与虚指、类指与个指等。应该说,现有文献中关于这些概念的讨论是众说纷纭,本章所做的只是从中选出一些较具代表性的观点,尽量厘清这些概念的内涵和外延,为以后的讨论提供方便。

　　第三章集中讨论汉语光杆名词短语的语义,内容包括光杆名词短语的类指、个指用法,类指算子的量化性质,光杆名词的基本语义及可能的语义解释等。本书的主要观点是:光杆名词的基本语义既可以看做是指称种类,也可以看做是表示性质。正是由于种类和性质可以相互转化,光杆名词短语既可以出现在论元位置,也可以出现在谓词位置。做类指解释的光杆名词短语主要出现在种类指称、特征概括、代表性种类指称等三种类指句中。句中光杆名词最终的语义解释取决于两个方面的因素，一是谓词的性质，一是光杆名词所处的句法位置。对恒常性谓词而言，其光杆名词主语倾向于做类指性解释，宾语则又根据谓词的不同性质有类指和虚指（或无指）两种可能；对瞬时性谓词来讲，其光杆名词主语倾向于是定指的，宾语则可以是不定指的。除句法位置外，句子的焦点重音等因素（包括自然焦点和对比焦点）也会影响光杆名词的语义解释。所有这些对光杆名词短语语义的影响都可以用我们提出的"（广义）话题普遍性假设"来统一解释。

第四章对除光杆名词短语之外的其他各类无定名词短语可能的语义进行了讨论，内容包括广义量词理论对各类无定名词短语语义差异的描写，（广义）映射假说对无定名词短语句法—语义映射的解释，以及我们对无定名词短语各种可能语义的解释。主要结论是：一、无定名词短语的语义（或称语义特征）包括指称性和量化性两个方面，指称和量化是其固有的两种语义属性。句中无定名词短语的指称、数量解释，并非是非此即彼的互补关系。它们可以同时并存，只不过是一种为强势解释，一种为弱势解释。二、根据所含限定词在指称性方面的强弱之别，无定名词短语可以分为强、弱两类。强限定词无定名词短语先设所指客体的存在，具有实指性，可以自由出现在话题、主语位置。弱限定词无定名词短语不先设所指客体的存在，对句子的语义贡献只是引入变项，而作为变项又必须受到约束，因此它们若要合格地出现在句中需满足一定的条件。三、主、宾语在句法位置上的不对称是导致汉语主语定指或实指限制的根源所在。在由句法到语义的映射中，主语被映射到限制语，宾语被映射到核域，且能够避免变项未受约束的最后补救措施存在封闭只能应用到VP（或v'），因此，在句中没有其他算子出现的情况下,作为变项的弱限定词无定名词短语可以出现在宾语位置,但不能出现在主语位置。四、情态动词在是否能够造就合格无定名词短语主语句方面的差异,在更深层次上体现的还是事态句和非事态句的不同。

第五章讨论汉语无定名词短语的句法分布。主要考察了汉语无定名词短语的主语限制及无定名词短语和"都"、"有"的同现规律两个问题。讨论发现:首先,汉语含有无定名词短语主语的事态句的合格性,取决于无定主语所引入变项的受约束与否。对自身实指性程度很强的无定名词短语主语而言,由于它们自身先设所指客体的存在,从而在进行语义映射时完全可以被映射到限制语中。对自身实指性程度相对较弱的无定名词短语来讲,它们语义上无法先设客体的存在,当然也就无法被映射到限制语中,也因此无法受到约束。对这类无定名词短语主语句来讲,句子的合格性取决于所属的逻辑判断类型。如果是主题判断句,由于无定名词短语主语引入的变项无法受到约束而造成句子的不合格;如果是存现句,则会因为无定名词短语主语引入的变项能够受到存在封闭的约束而合格。总之,句子的逻辑判断类型、变项受约束等因素是造就合格的无定名词短语主语句的根源所在。其次,强限定词无定名词短语在大多数情况下必须和"都"同现,不能和"有"同现;弱限定词短语一般不能和"都"同现,在大多数情况下必须借助"有"才能出现在主语位置;限定词强弱程度表现为中等的无定名词短语既可以和"都"同现,也可以和"有"同现,但"都"、"有"不能同时出现。

第六章是结束语,概括了本研究的主要发现和不足之处,并对后续研究进行了展望。

本书是笔者在博士论文的基础上完成的。2004 至 2007 年,笔者有幸在北京语言大学师从方立老师攻读博士学位。

来北语之前，虽对形式语言学有所接触，但充其量也只是雾里看花，一知半解。要说真正为我开启形式语言学的这扇大门，让我领略到其研究内容之广、之深、之细，其形式化手段之"美"的，无疑还要归功于方老师。国外语言学理论与汉语研究的结合，即消除"两张皮"问题，一直是方老师多年来持之以恒的学术追求。作为英语专业背景出身的我，也更是一次次从方老师敦促我提高汉语研究功底的教诲中受益良多。除了治学上的科学、严谨、勤奋外，方老师还具备了一个学者所应具备的其他一些优秀品格：睿智、谦和与宽容。遗憾的是，方老师英年早逝，过早地离开了我们，但他治学与做人的风范值得我学习一生。也谨以此书告慰他老人家的在天之灵。

还要感谢北京语言大学研究生部、外国语学院的其他所有老师，是他们的帮助让我获得了良好的学习、生活条件及学术氛围，使我的学业得以顺利完成。

还要特别感谢我的家人。在"背井离乡"埋头苦读的日子里，是他们的支持和鼓励使我能够安心在校学习。尤其是我的妻子王秀卿女士，她在繁重的教学任务之余，还承担了照顾孩子和操持家务的全部重任。可以说，没有她的支持与操劳，是没有今天这部拙作的问世的。

最后还要感谢北京大学出版社，感谢刘强、肖凤超两位编辑，他们工作的严谨与高效保证了本书的质量及尽早面世。需说明一点的是，本书值得肯定的方面必定与他们的努力息息相关，但书中仍存的谬误与不足，本人责无旁贷地承担全部责任。

王广成

2013 年 9 月

目　录

第一章　引言 …………………………………………………………… 1
　1.1 研究对象 ……………………………………………………………… 1
　1.2 主要内容 ……………………………………………………………… 3
　1.3 主要理论框架和基本观点 …………………………………………… 5
　1.4 本书的章节安排 ……………………………………………………… 9

第二章　指称和量化 …………………………………………………… 10
　2.1 引言 …………………………………………………………………… 10
　2.2 指称性 ………………………………………………………………… 10
　　2.2.1 有指与无指 ……………………………………………………… 10
　　2.2.2 定指与不定指 …………………………………………………… 11
　　2.2.3 实指与虚指 ……………………………………………………… 16
　　2.2.4 类指与个指 ……………………………………………………… 18
　2.3 量化性 ………………………………………………………………… 19
　2.4 小结 …………………………………………………………………… 21

第三章　光杆名词短语的语义解释 …………………………………… 22
　3.1 引言 …………………………………………………………………… 22
　3.2 光杆名词的类指用法 ………………………………………………… 23
　3.3 光杆名词的个指性解释 ……………………………………………… 29
　　3.3.1 恒常性谓词和瞬时性谓词 ……………………………………… 29
　　3.3.2 光杆名词的个指性解释 ………………………………………… 35
　3.4 光杆名词是否具有量化意义？类指算子的性质 …………………… 37
　3.5 光杆名词是指称种类，还是表示无定？可能的解释 ……………… 39
　　3.5.1 Chierchia 的"新种类指称"说 …………………………………… 40

3.5.2 Krifka 的"性质说" ……………………………… 46
　3.6 汉语光杆名词短语的语义解释 …………………………… 50
　3.7 小结 ………………………………………………………… 57

第四章　无定名词短语的语义解释 ……………………………… 59
　4.1 引言 ………………………………………………………… 59
　4.2 无定名词短语指称义的强弱之分 ………………………… 60
　4.3 无定名词短语的句法—语义映射 ………………………… 65
　　4.3.1 从 Kamp-Heim 理论到映射假说 ………………… 66
　　4.3.2 蔡维天的扩充映射假说 …………………………… 72
　　4.3.3（扩充）映射假说与汉语事实 …………………… 75
　4.4 汉语无定名词短语的语义解释 …………………………… 80
　　4.4.1 非事态句中无定名词短语的语义解释 …………… 81
　　4.4.2 情态动词对无定名词短语主语句的影响 ………… 85
　　4.4.3 无定名词短语在主宾语位置的不对称 …………… 88
　　4.4.4 无定名词短语主语与两类谓词 …………………… 92
　　4.4.5 无定名词短语的双重语义属性 …………………… 94
　4.5 小结 ………………………………………………………… 102

第五章　无定名词短语的句法分布 ……………………………… 104
　5.1 引言 ………………………………………………………… 104
　5.2 无定名词短语的主语限制 ………………………………… 104
　　5.2.1 事态句和非事态句的区分 ………………………… 105
　　5.2.2 事态句中无定名词短语的主语限制 ……………… 106
　5.3 无定名词短语和"都"的同现规律 ……………………… 116
　　5.3.1 是对个体的量化还是对事态的量化：
　　　　　"都"出现的条件 …………………………………… 117
　　5.3.2 "都"的必然出现："所有的、每（一）个"
　　　　　句式考察 …………………………………………… 121
　　5.3.3 "都"的自由出现："都"出现的语用动因 ……… 125

5.3.4 无定名词短语和"都"的同现规律：
　　　　　实指性程度 …………………………………… 127
　　5.3.5 小结 ……………………………………………… 130

第六章　结束语 ……………………………………………… 131
　6.1 研究结论 ………………………………………………… 131
　6.2 研究不足及后续研究展望 ……………………………… 132

参考文献 ……………………………………………………… 134
主要术语中英文对照表 ……………………………………… 140

第一章 引 言

本章交代这样几个问题：一、本书的研究对象；二、研究的主要内容；三、主要理论框架和基本观点；四、结构安排。

1.1 研究对象

虽然文献中对无定名词短语的有关提及、论述不胜枚举，但究竟何谓无定名词短语，一向就缺乏一个严格而清晰的定义。照我们的理解，无定名词理应是一个语义范畴；顾名思义，相对于有定名词短语，无定名词短语是指语义上无定的一类名词短语。怎么又算是语义上的无定呢？和其他语义概念一样，若想一下子把它讲得很清楚还是比较困难的。这个问题我们留在第二章，届时将和有指/无指、实质/虚指等其他概念一起来讨论。

我们的最终目标是试图把汉语无定名词短语的语义特征和句法分布规律描写清楚。为了讨论的方便，首先要从形式上界定一下我们的研究对象。因为我们不可能等把某个研究对象的基本语义考察清楚了之后才决定这是否属于我们的研究范围，也就是说，在具体展开研究之前，首先要明确具有哪些形式特征的名词短语才属于我们的研究范围，是我们的考察对象。显然这样依靠形式标准来切分各类名词短语，比较容易操作，形式上也会比较整齐，但语义上是否仍会那么一致，能够用无定囊括其中呢？也许不能。问题果真如此简单的话，也就没有什么研究的必要了。真实的情况是，无论是哪种形式的名词短语，它们的语义表现绝不可能是简单明了、整齐划一。这一点，随着本书的慢慢展开，会越来越清楚。

那么究竟应该怎样从形式上界定语义上的无定名词短语呢？对于有定性有明确的语法标记的语言来讲，如英语，似乎这并不成为问题,因为作为语义范畴的有定、无定,同不同的形式标记(如英语中的 the/a(n))之间存在着对应关系;无论是语义的分类,还是形式的分类,二者是统一的、一致的。简言之,有定、无定在这类语言中已经成为了一对语法范畴。然而,对没有专门的有定性标记的另外一些语言来说,这种对名词短语的分类就没有那么容易了。如汉语的光杆名词短语[①],它们有时在句中倾向于表达有定(1a),有时又倾向于表达无定(1b),是把它归为有定名词短语一类,还是无定名词短语一类?

(1) a. 客人来了。
　　 b. 来客人了。

当然,我们说汉语等类似语言中没有专门的有定性标记,这并不意味着这些语言中就没有表示有定性范畴的形式标记。"张三、这/那本书、张三的爸爸、桌子上的书"等无疑都是有定的。也就是说,作为语义范畴的有定性概念,在任何语言中都是普遍存在的,只不过在有些语言中有定性有专门的、明确的形式标记,而在另外的一些语言中则没有这种标记。有定/无定尚还不是语法范畴。

有鉴于此,尽管本书讨论的汉语名词短语的指称、量化等特征,都是语义属性,但出于对考察对象的明确,我们把汉语无定名词短语从形式上界定为除专有名词("张三"等)、指示词+名词("这/那本书"等)、带限制性修饰语的名词短语("张三的爸爸、桌子上的书"等)之外的各类名词短语。具体列举如下:

(一) 光杆名词
(二) 量化词+(量词)+名词[②]
　　 1. 全称量化词+名词(如"所有人、全部的人、每一本书")
　　 2. 一+(量词)+名词(如"一(个)人、一本书")
　　 3. 其他数词+量词+名词(如"三个人、五碗饭")
　　 4. 其他量化词+名词(如"大部分人、(大)多数人、很多人、一半以上的人、一半以下的人、不到一半的人、三分之一

---

① 这里的光杆名词短语可以大体理解为那些不带任何限定词、修饰语的名词性成分。详细讨论在第三章。

② 我们严格区分量化词和量词,分别相当于 quantifier 和 classifier。

的人、三到五个人、五六个人")

(三)修饰语＋量化词＋(量词)＋名词(如"正好五个人、大约三个人、至多六个人"等)

1.2 主要内容

前面小节明确了本书以无定名词短语作为研究对象,而研究的主要内容,正如书名所示,则是这些无定名词短语的语义解释和句法分布规律。先从名词的语义内容说起。

传统上,名词被定义为"表示人或事物名称的词"。尽管在语法研究中,这种从语义出发的定义颇受微词,但即便是就语义方面而言,我们认为这种表述也未必准确、全面。施春宏(2001)曾将名词的语义结构成分分成关涉性语义成分和描述性语义成分两种,指出前者"可以看成广义的指称内容,显现出关涉性特征",而后者则是"名词语义结构中表示特性的部分","可以看成广义的述谓内容,显现出描述性语义特征"。潘国英(2005)也指出,"从句法义的角度来说,名词的词义可以有指称义和属性义。"指称义"侧重概念义中的外延义,一般往往在主语位置的名词表现出指称义"。属性义"是指对事物性质进行描述的那一部分语义成分"。

上述所引对名词基本语义的认识明显深刻多了,用两个关键词来概括名词的基本语义就是:指称和性质。诚然,就单纯作为一个词类的名词而言,指称和性质无疑是其最基本的两个语义特征。需要指出的是,本书作为一项句法—语义接口层面的研究,要做的并非只是视名词为一个独立词类的静态研究,相反我们关注的是名词在入句后的表现,出现在句中某些位置的名词具有哪些语义特征。如果接受生成语法的说法,认可名词在入句时都要最终投射为名词短语(NP或DP)的话,那么可以把我们研究的主要内容等同于名词短语的语义特征和句法分布。那么,名词短语和名词相比,其基本语义是否也完全可以用指称和性质来概括呢?

据我们所知,古川裕(2001)是较早较全面涉及名词短语语义的研究文献,尽管他具体谈的是数量名短语的语义。在把现代汉语数量词

的功能分为计数、分类、个体化三种功能时,他指出:

> 按照这样的看法,比如像"一个人"这样简单的"数量名"词组,我们可以说,实际上它含有下述三类功能。(1)在计数功能的条件下,"一个人"说的不是"两个人"也不是"三个人"等等,它指定所指事物"人"的数量就是"一";(2)在分类功能的条件下,"一个人"所说的"人"不是"一位、一堆、一群……"等等的对象,而只是一种个体的"一个";(3)在个体化功能的条件下,"一个人"指称的对象是在客观世界里确实存在的作为有界事物的"人"。需要注意的是,我们在这里并不是说,数量词的这三类功能在所有的"数量名"词组里都同时起作用。我们应该说,根据各种条件,这三类功能中至少有一种功能要起主要作用。比如说,在询问句"那里有几个人?"的回答"一个人"里,计数功能起的作用远远大于其他两类。

可见,就数量名短语来说,其语义包括了计数、分类和个体化三个方面。分类功能是量词的用法造就,属汉语类语言所独有,不在我们的研究范围之内。个体化功能实际上就是通常说的名词短语的指称义。也许是由于古川裕考察的是数量名短语这个名词短语特殊小类的缘故,他把数量义单列出来。我们认为,这对全面考察名词短语,尤其是无定名词短语的语义和句法来讲是特别有意义的。就我们上节研究对象中所列的几类无定名词短语来看,只有光杆名词和"所有人/每(一)个人"等两类不具有明显的数量义。其实不然。文献中一直把"所有的、全部的、每"等称做是全称量化词(universal quantifiers),显然它们具有很强的数量意义。即使是就光杆名词而言,由于它们常用做类指解释,而类指又常和全称量化有着扯不清的关系,因此如果我们说光杆名词短语有时也会表达数量义,这一点都不为过。[①] 当然,这是后话,暂不赘述。

如此看来,我们所讲的无定名词短语的语义,应当包括指称、性质

---

① 在形式语义学(或逻辑语义学)中,所有的限定词短语,即 DP,都被看做是量化短语(quantified noun phrases)。这种看法被称做是广义量词理论(generalized quantifier theory)。

和量化三方面。然而,当把无定名词短语的这三方面语义特征同其句法功能联系起来看时,不难发现,他们并非是机会均等,而是各有分工。一般认为,名词短语的典型句法功能是作为论元用做句子的主语或宾语,而用做谓语则仅限于特殊情况,一般称之为名词谓语句。做主语或宾语时,名词短语的语义或表指称,或表数量,或二者兼而有之;做谓语时则统一表示性质。除非特别指明,本书关注的主要是用做论元出现在主语或宾语位置上的无定名词短语的语义表现。这样一来,我们研究的无定名词短语的语义就只有指称和量化两方面了。

研究对象的明确,研究内容的限定,并没有使我们的研究一下子就变得多么简单明了。正如本书接下来将要逐步呈现的那样,汉语无定名词短语无论是在语义上,还是在句法分布上,都不像有定名词短语那样直接、清晰。指称意义方面,可以有指,可以无指;可以实指,可以虚指,有时还可以类指;有时定指,有时不定指。量化意义方面,表示类指的无定名词短语和全称量化短语的量化意义不尽相同;同为"量化词+名词"结构,所列举的各类无定名词短语的量化意义有强有弱,也影响到了它们的句法分布。说到句法,除了各类无定名词短语在不同的句法位置会受到不同的限制之外,他们的语义解释更是同所处的句法位置、谓词性质,直至句子类型等方面,均有着密不可分的联系。凡此种种表象,也都为汉语无定名词的语义和句法蒙上了一层神秘的面纱,也使得它比起它的孪生姐妹,即有定名词短语,更加富有魅力,激发了越来越多的研究者的兴趣。

我们认为,汉语无定名词短语这种纷繁复杂、扑朔迷离的语义、句法现象背后,肯定隐藏着很多有价值的规律,语义和句法之间必定在这里也存在着某些特定的对应性。本书研究的目的或意义,也无非就是寻求这种规律性和对应性,以求对汉语无定名词短语的各种语义特征和句法分布进行更具有普遍性、原则性的解释。

1.3 主要理论框架和基本观点

本节将介绍本研究所用到的一些主要理论框架及其对有关问题的基本观点,其目的是为了使读者对我们接下来研究的各个具体问题有个大体的了解,也相当于对我们研究背景的一个总体介绍。

在对英语等语言中无定名词短语语义的研究中,Kamp-Heim 理论的最大贡献就是把英语无定名词短语"a(n) N"在句中的作用看做是引入变项(variable),同时,作为变项,它必须受到显性或隐性算子(operator)的约束,否则会因为变项未受到约束而导致句子不合格。对不含其他显性、隐性算子的句子而言,无定名词短语则受到存在封闭(existential closure)的约束。无定名词短语的语义最终取决于约束它的算子。理论上讲,把无定名词短语的语义视做变项,最主要的动因在于能够很好地解释所谓驴句(donkey sentence)问题:

(2) a. If a farmer owns a donkey, he beats it.
b. $\forall x, y\,[\text{farmer}(x) \wedge \text{donkey}(y) \wedge \text{own}(x, y) \rightarrow \text{beat}(x, y)]$

正如(2a)的逻辑表达式①(2b)所示,无定名词短语"a man, a donkey"本身只是用做变项,其语义解释取决于约束它的算子。这种视"a N"为受约变项的假设是否适用于汉语无定名词短语"一+量词+名词"呢?

(3) a. 一个人有了钱,(他)就一定会幸福吗?
b. $\forall x\,[人(x) \wedge 有了钱(x) \rightarrow 幸福(x)]$

显然,(3a)中的"一个人"也并非指称"某个人",而大体相当于"所有的人"之意。尽管汉语无定名词短语"一+量词+名词"在某些方面的表现的确会像英语无定名词短语那样,其本身的量化意义来自于约束它的量化算子,但这绝非问题的全部。英汉语不同的是,在指称性用法方面,英语的"a/an N"几乎可以出现在句中的所有位置,但汉语的"一+量词+名词"却受到了很多的限制。一个普遍承认的事实是,

---

① 逻辑表达式(logical representation)是用逻辑/形式语言对句子所表达的语义内容进行转写。较之用自然语言描述,逻辑表达式更严谨、清晰,能够避免歧义。在国际上语义学研究中这已成惯例。不明白的读者可以将此跳过,必要时我们会予以解释。这里(2b)说的大体相当于:对所有的农夫和驴子而言,如果农夫拥有驴子,那么农夫就会打驴子。$\forall$被叫做全称算子(universal operator),相当于"所有的/全部的"。注意这里问题的核心是,a farmer, a donkey本来是表示"某位农夫、某头驴子"的,但这里却由于受到全称算子的约束而表示所有的农夫和驴子。

相对于宾语位置,它在主语位置上很不自由。"一+量词+名词"如此,"其他数词+量词+名词"虽也具有这种限制,但情况又不完全相同。

如何解释汉语"一+量词+名词"这类无定名词短语在主、宾语位置上所表现出来的这种不对称性?Kamp-Heim 理论假设存在封闭用于整个句子,甚至是整个语篇,显然这无能为力。但如果我们放弃 Kamp-Heim 理论,不把无定名词短语"一+量词+名词"看做是变项,又如何解释其在不同语境中所具有的不同量化意义呢?

尽管都认为无定名词短语的作用是为句子引入变项,Diesing(1992)不同于 Kamp-Heim 理论的突出之处在于假设存在封闭应用于动词短语内。同时,其映射假说(Mapping Hypothesis)也试图在语序、层阶结构(hierarchical structure)等句法概念和无定名词短语的语义解释之间建立起一种更直接的对应关系。然而,我们认为,虽然 Diesing 理论对解释处于英语主语位置上的光杆复数名词的类指性、个指性以及其他很多问题都有着很好的解释力,对解释某些汉语无定名词短语的语义与句法问题也有一定的解释力,但仍不能很好地完全解释汉语无定名词短语在主、宾语位置上的不对称现象。

除了 Kamp-Heim 理论、Diesing 映射假说之外,Milsark(1974),Calson(1977)等关于恒常性谓词和瞬时性谓词(individual-level/state-level predicate)的区分,Davidson(1966),Parsons(1990),Kratzer(1995)等关于事态论元的基本主张,以及 Kuroda(1972)等关于主题判断句(categorical judgment)和非主题判断句(thetic judgment)两种基本句子类型的研究,所有这些经典文献都在无定名词短语的语义及句法研究中具有举足轻重的作用。基于以上,我们提出了一个把所有句子分成事态句和非事态句两类的基本假设。语义上,事态句描述的是某种真实或可能发生的具体事态。作为某个简单或复杂的具体事态,谓词当然对事态的性质起着决定性的作用,但作为事态参与者的各名词性论元和其他修饰性成分同样也发挥着重要作用。

与事态句相反,非事态句在语义上表达的不是一个具体的事态。非事态句中的谓词只能是恒常性谓词,不隐含事态论元,表达的只能是主题判断。语义上，非事态句可以是描写事物自然属性或规律的类指句，表达人们主观信仰、认识或观点的假设条件句等。由于这类句子表达的并不是一个具体的事态，句中不包含事态论元，句中出现的无定名词短语不会受到事态论元的制约，相对来讲会更自由一些。但作为变项同样也要受到约束，只不过这种约束或者是来自句子隐含的某个隐性算子，或者是来自无定名词短语自身的量化词，其语义也同样由约束它的算子来决定。

如果说上述研究主要是将无定名词短语置于句子中，着重考察其同谓词性质、所处句法位置、所在句子的判断类型等方面的关系的话，那么对无定名词短语自身语义的考察当然也是本研究的一个重要方面。如前所言，我们认为，指称意义和量化意义是无定名词短语本身固有的两种语义属性。打个比方，无定名词短语的这两种属性就好比是硬币的两面，一面是指称意义，一面是量化意义，两者缺一，不可能完整、真实。无定名词短语用于句中，也就好比将硬币抛出后落在某一平面上，一种可能是正面朝上，凸显指称意义；另一种可能是反面朝上，得以凸显的是数量意义。但不完全相同于硬币正反两面非此即彼的关系的是，指称意义和量化意义的关系还存在第三种情况，即在某种语境条件下，指称意义和数量意义会同时存在，有时甚至会连分清主次都困难。

除了指称意义和数量意义两方面外，无定名词短语自身的语义强弱也是一个重要的方面。Milsark（1974）曾将英语限定词的语义解释分成强、弱和有歧义三种，形成一个由弱到强的等级序列。这些无定名词短语自身语义的强弱，连同谓词性质、句法位置、句子的判断类型等因素一起，共同造就了无定名词短语纷繁复杂的语义解释和句法分布。

总之，作为一项句法—语义接口关系的研究，我们认为无定名词短语的句法分布规律或限制同其语义解释是密切相关的。汉语无定名词短语在句中所表现出来的主宾语位置的不对称，不同的指称性、量化性意义及分布限制，正是句法和语义间的互相制约、互相影响所致。因此，我们对无定名词短语语义特征的考察要考虑如下三方面的因素：一、事态句和非事态句的区分；二、句法向语义的映射;三、无定名词短语自身的语义性质。

1.4 本书的章节安排

　　除本章引言和第六章结束语之外,其他各章安排如下:第二章围绕有关无定名词短语指称性、量化性语义特征的基本概念展开讨论,主要包括有指/无指、定指/不定指、实指/虚指、类指/个指以及量化性等。讨论的目的无非是尽量厘清各概念的实际内涵,为以后章节的讨论服务。第三章将集中讨论一种特殊形式的无定名词短语,即光杆名词短语,讨论涉及光杆名词短语的基本语义、句法分布及在句中不同的语义解释。对除光杆名词短语之外的其他汉语无定名词短语的考察,分别在第四、第五两章进行。第四章通过对无定名词短语自身的语义差异、句法—语义的映射过程、在句中不同的语义解释等问题的讨论,初步建立起无定名词短语在句法位置和语义解释间的内在关联,从原则上对其语义特征进行解释。第五章则是着重考察各类无定名词短语的句法分布规律,具体包括两个专题,一是无定名词短语的主语限制,一是无定名词短语和"都"的同现规律。

第二章 指称和量化

2.1 引 言

如前所述,指称和量化是用做论元的无定名词短语的两种基本语义属性。本书研究的核心内容就是试图把汉语无定名词短语的指称、量化属性描写清楚,尤其是这些语义属性和谓词性质、句法位置以及句子类型等方面是如何相互作用,最终决定无定名词短语在句中的语义解释的。若想把这些问题讲清楚,首先需要搞明白的是指称和量化等基本语义概念,这是我们展开下一步研究的前提和基础。[①]

2.2 指称性

2.2.1 有指与无指

粗略地讲,指称性首先可分为有指(referential)和无指(non-referential)两个方面。Stockwell等(1973)把具有特定(particular)所指的名词短语看做是有指的,把没有任何所指的名词短语称为无指(另参见 Hsin 2002:356)。陈平(1987)也做了类似的定义:"如果名词性成分的表现对象是话语中的某个实体(entity),我们称该名词性成分为有指成分,否则我们称之为无指成分。"按照

---

① 徐烈炯等(1998:163—164)曾指出,"词语的指称义和量化问题,是当代语义学和语义哲学的前沿课题和'尖端'课题,有许多问题尚在深入讨论和激烈论辩中。"诚然,尽管这里我们所做的是要明确这些语义概念,尽量准确地去理清并把握它们的内涵所指和相互关系,为后面章节的讨论打好基础,但需要指出的是,正如语言研究中的其他任何课题一样,问题会接连不断,研究永无止境。本章的讨论,充其量只是介绍一下前人的有关研究,形成的结论也只代表一家之言,其目的也只是为了下文讨论的方便。

Stockwell 的说法，有指包括定指和实指两种情况，我们将在下面的小节中进行讨论，这里主要看一下无指。陈平将无指分为如下几种情况：

（一）复合词的构词成分：<u>鸡蛋</u>糕，冬<u>至</u>，恼<u>人</u>，方言调查等。
（二）分类性表语成分：
(1) a. 张三是<u>一名菜农</u>。
　　b. 他在华盛顿州立大学任<u>特约教授</u>。
（三）比较结构中用在"像"、"如"、"有"等词语后面的成分：
(2) a. 王大在运河里捞到一只螃蟹，乖乖，足有<u>小脸盆</u>大。
　　b. 他目瞪口呆，像<u>一根木头棒子</u>楔在原地，一动不动。
（四）否定结构中在否定成分管界内的成分：
(3) a. 我这些天没买<u>书</u>，口袋里没<u>钱</u>。
　　b. 没想到他的所谓办公室连<u>张桌子</u>都没有。
（五）构成所谓"短语动词"的动名组合中的名词性成分：读<u>书</u>，打<u>牌</u>，捕<u>鱼</u>等。

前面我们曾提及，名词语义完整来讲应包括指称、性质和数量三方面。显然，这里所列名词（短语）的所谓无指用法，其中多数都出现在非论元位置，多为名词的谓词性用法。如前所言，这些用法并非我们所要讨论的内容。有必要指出的是，这些所谓无指的用法，和我们下文中将要提到的虚指并不一样，还请注意把握其区别。另外需要声明一点的是，这里对无指名词性成分的列举未必是穷尽性的，目的仅在于说明哪些算是无指用法，仅此而已。

2.2.2 定指与不定指

虽然文献中对于哪些名词短语是定指（definite）、哪些是不定指（indefinite）（或曰有定、无定，下同）的区分是基本明确的，但对于区别定指、不定指的标准却是存有争议的，这具体体现为熟悉性（familiarity）、可识别性（identifiablity）、唯一性（uniqueness）、囊括性（inclusiveness）等不同的判定标准，而且似乎单纯依赖哪种标准都有不能解决的问题。下面逐一讨论。

2.2.2.1 熟悉性与可识别性

Christophersen(1939)、Hawkins(1978)等较早提出用熟悉性来解释下面句子中名词短语在指称方面的对立：

(4) a. I bought a car this morning.
　　b. I bought the car this morning.

语义上，(4a)中的 a car 对于说话人来讲是熟悉的，但对于听话人很可能是不熟悉的；相反，在使用了定冠词的(4b)中，the car 对于说、听双方都应该是熟悉的。推而广之，名词性成分的所指是否满足熟悉性条件，具体讲是否为听话人所熟悉，就成为该成分使用定指形式还是非定指形式的标准。也就是说，从语义上讲，如果一个名词短语的所指对说听双方都是熟悉的，那么它就是定指的。反之，则是不定指的。

对熟悉性条件来讲，一个最大的问题是，英文中很多使用了定冠词的情况，但未必满足熟悉性条件。先看实例：

(5) The bloke Ann went out with last night phoned a minute ago.

类似例(5)这样后接关系从句的名词短语先行词都使用了定冠词 the。显然，就该句而言，听话人很可能并不熟悉 the bloke 的所指，也就是说并没有满足熟悉性的条件，但说话人还是使用了定指形式。有鉴于此，不愿意放弃熟悉性假设的语言学家把有定性解释为可识别性：定冠词使用的前提是听话人可以识别出名词短语的所指。当然这既可以是所指本来就为听话人所熟悉，还有可能是听话人能够推理出来。

范继淹(1985)曾指出：

> 一个由数量词和单个名词组成的无定 NP，如果其中加上其他的限定性修饰成分，是否还是无定？限定性修饰成分要达到什么程度就成为有定 NP 了？……"一位医生告诉我……"的主语当然是无定的，"一位女医生"大概也是无定的，"一位姓侯的女医生"和"首都医院一位女医生"也可以算是无定的。而"首都医院血液组一位姓侯的女医生"恐怕就要算有定了，因为在那里只有一位女医生姓侯。

从范先生的这段话中，我们可以看出他是把唯一性看做了定指的前提条件（参见下面关于唯一性的讨论）。然而，对"首都医院血液组一位姓侯的女医生"这类使用了无定形式的名词短语来讲，我们果真要在语义上把它看做是定指的吗？语感上，我们还是会倾向于把它看做是不定指的；相反，如果要表达定指概念，则会用"首都医院血液组那位姓侯的女医生"。我们的这种语感又是根据什么得来的呢？如果是根据熟悉性标准做出的判断，那么该女医生对听话人来讲一定是熟悉的，因为唯有如此才可以使用"首都医院血液组那位姓侯的女医生"这种有定形式。但问题是事实并非一定如此：即便说话人事先并不一定认为听话人熟悉该女医生，但如果他认为听话人可以根据他的描述把这位女医生成功地识别出来，那么他完全也可以采用这种有定形式来表达。也就是说，说话人对听话人是否能够把名词短语所指识别出来的判断，是决定他使用有定形式还是无定形式名词短语的关键。简言之，较之熟悉性，可识别性在很多情况下是区分定指和不定指更好的标准。

总之，在熟悉性假设中，对有定性的判断来自说话人是否认为听话人熟悉名词短语的所指；在可识别性假设中，这种判断则是来自说话人是否认为听话人可以把名词短语的所指识别出来。本书就是采取这样的观点，我们所谓的定指、不定指就是根据是否具有可识别性来判断，对应的英文分别是 identifiable 和 non-identifiable。（类似的看法参看陈平 1987）

2.2.2.2 唯一性和囊括性

除了熟悉性和可识别性，对于名词短语有定性的区分还有唯一性和囊括性的说法。先看唯一性。简单地讲，按照唯一性，有定名词短语的所指必须是唯一的。请看下例：

(6) a. 张三开着他刚买的那辆车兜风去了。
　　 b. 张三开着他刚买的一辆车兜风去了。

两句的区别在于，(6a)中说话人隐含了"张三最近只买了一辆车"这样一层意思，而(6b)则不然。因此，是否具有唯一性，就成了区分定指的"那辆车"和不定指的"一辆车"的关键所在。

另外，唯一性假设的诱人之处还体现在能够对所指为虚拟客体但

语感上仍视作定指的名词短语进行解释。请看下例:

(7) a. The champion of this contest will be sent to England for further study.
   b. The top three of this contest will be sent to England for further study.

为何句中做主语的名词短语使用了定指形式？显然,在比赛尚未举行的情况下,无论是听话人还是说话人,他们对于这次比赛的冠军未必就一定熟悉,也不可能现在(比赛前)就把他识别出来。也就是说,无论是熟悉性还是可识别性,对于该名词短语的定指性解释来讲都是无能为力的,而唯一性似乎此时能派上用场(7a)。

然而,唯一性也并非没有问题。稍加考虑我们就会发现:如果比赛的冠军是并列的两人怎么办？如果我们把"冠军"换成"前三名"的话又会怎样(7b)？显然唯一性条件无法满足,但为何(7b)仍使用了定指形式呢？基于此,Hawkins(1978)指出,当有定名词短语的所指是复数名词或物质名词时,有定性不是体现为唯一性,而是囊括性,其所指是在语境中所有符合条件的个体或物质。其实,唯一性也好,囊括性也罢,理论上的统一并不难,我们完全可以视唯一性为囊括性的一种特例。另外,即便不借助囊括性的概念,也可以对唯一性进行重新的诠释,如 Kadmon(2001:79)就把有定名词短语的所指定义为满足条件的唯一的最大集合。

遗憾的是,唯一性、囊括性也并非一好百好。如在下面的英文例子中,决定有定名词短语语义的显然是可识别性而不是囊括性:the door 的所指并非是该语境中所有为 door 的个体,而是指在该语境中可以识别出的某个个体。

(8) (in a room with three doors, one of which is open) (Lyons 1999:14)Close the door please.

2.2.2.3 究竟什么是有定性？可识别性还是囊括性？

如前所言,既然熟悉性可归于可识别性,唯一性也仅仅是囊括性的一个特例,那么能否在可识别性和囊括性之间做出选择,对有定性进行定义呢？应该说,有定性究竟是可识别性还是囊括性,还是同时涉及两者,目前尚无定论。正如 Lyons(1999:13)所言,理论上这两个特征并不互相依存。也许我们所谓的有定性,其实质涵盖了两种不同的语义范畴,只不过它们在很多情况下具有了相同的形式罢了(如英文的定冠词 the)。

有定性这种把可识别性和囊括性集于一身,令我们无从定夺的尴尬,如果从语法化的角度来看,也许可以得到解释。作为语法范畴的有定性和作为语义(语用)范畴的定指、不定指并非完全相同的概念。尽管在大多数研究者眼里,有定性被看做是和时态、数、性等类似的语法范畴,但一个不可忽视的事实是,所有这些概念并非在所有的语言中都已进化为语法范畴。作为一个语法范畴的有定性,只是在那些具有显性的有定性标记的语言中存在。语言中普遍有语义(语用)的有定性概念,但很多缺乏对应的语法范畴。那么,语义(语用)上的有定性究竟指的是什么呢?也许在类似汉语这种尚没有专门的有定性标记的语言中,作为语篇组织的一个成分,有定性更应倾向于被看做是一个关于所指对象是否熟悉,或是否已经在语篇中确立起来的判断标准。简言之,有定性指的是可识别性而非囊括性(Lyons 1999:278)。

另外,视有定性为可识别性的观点还可以从指示词的用法中获得强有力的支持。就汉语来说,指示词"这(些)"、"那(些)"常被用来表示定指。Chen(2004)也曾指出汉语的"这"、"那"已开始具有了作为纯定指标记的倾向,但在这些指示词表示定指的各种用法中,有很多情况不能用囊括性来解释。这似乎也预示着,至少就汉语而言,有定性来自可识别性的看法,会更符合事实。

如果视有定性为可识别性,那么又应该如何解释在有些情况下,有定性不适合用可识别性来解释,而囊括性却表现出更强的解释力呢?这也许还如 Lyons(1999)所言,有定性语义概念在某些语言中的语法化和其他语法化过程一样,虽是由某个意义范畴经过语法化得来,但得到的语法范畴和意义范畴之间并不是一一对应的。在可识别性有语法表现的语言中,有定性很可能典型地表现为可识别性,但它也会有除了可识别性之外的其他一些用法,如囊括性。也就是说,在历时过程中,当可识别性语法化为有定性后,这个语法范畴还会继续发展出一些其他的用法。①

总之，鉴于汉语中没有类似英语 the 那样专门表示定指的语法范畴，我们只能把有定性看做是语义（语用）范畴。本书所讨论的有定性，包括定指和不定指，大体可以定义为："发话人使用某个名词性成分时，如果预料受话人能够将所指对象与语境中某个特定的事物等同起来，能够把它与同一语境中可能存在的其他同类实体区分开来，称该名词性成分为定指；否则，为不定指。"（陈平 1987）

2.2.3 实指与虚指

根据 von Heusinger(2002：248)，实指性的概念是 Quine(1960：Section 30，141ff；Section 31，146ff)在讨论有定名词短语不同的指称性特点时通过类比引入的。Quine 发现，在内涵动词（intensional verbs）的辖域内，英文中的有定名词短语在指称性方面可以有不同的表现：

(9) John is looking for the dean.
  a. ..., whoever it might be. (non-referential)
  b. ..., namely for Smith, who happens to be the dean. (referential)②

和有定名词短语的情况类似，Quine 发现内涵动词辖域内的无定名词短语也存在类似的歧义解释：

(10) John is looking for a pretty girl.
  a. ..., whoever he will meet, he will take her to the movies. (non-specific)

---

① Lyons(1999)指出，多考察一些语言，会发现定冠词的用法呈整齐地递增：英语：简单的有定；法语：简单的有定＋类指；意大利语：简单的有定＋类指＋所有格；希腊语：简单的有定＋类指＋所有格＋专有名词。

② 注意这里的 referential，non-referential 一对概念并不等同于我们在 2.2 小节讨论的"有指"和"无指"。借助"有指/无指"，我们区分的是名词短语的论元性用法和谓词性用法，而显然这里的 referential 和 non-referential 用法都是论元性的。它们分别相当于蒋严、潘海华(1998)的涉实(de re)和涉名(de dicto)。方立(2000:278)将之分别诠释为"有关此事（物）"和"有关所说"。

b. ..., namely for Mary. (specific)

　　自此,实指(specific)和虚指(non-specific)这一对概念开始在语言学文献中传开。但需要强调的是,自 Givón(1978)之后,实指性更多地是被看做专属于不定指的无定名词短语的语义特征。同时,人们也普遍用可识别性标准来对有定性和实指性进行统一的定义。von Heusinger(2002:249)用下表来概括有定性和实指性之间的关系:

可识别性来自	定指	不定指	
		实指	虚指
说话人	+	+	−
听话人	+	−	−

　　由表可知,实指/虚指是不定指的下位概念。联系前面,我们初步可以把讨论涉及的名词短语指称性方面的语义关系描述如下:有指和无指首先把用做论元和用做谓词的名词短语分别区分开来;其次,在说话人有明确所指的情况下,再根据听话人是否能识别出名词短语的所指分为定指和不定指两种;再次,根据说话人是否有明确所指把名词短语的语义分为实指和虚指。它们之间的关系可以表示为:

```
       ┌ 定指
  ┌ 有指┤       ┌ 实指
  │    └ 不定指┤
 ─┤            └ 虚指
  │
  └ 无指
```

　　换言之,有定性(定指/不定指或有定/无定)和实指性(实指/虚指)的区别在于:"定指与不定指的基础,是发话人对于受话人能否把所指对象与语境中同类事物区分开来所做的判断,同发话人本人是否能够确认所指对象并无直接关系。……实指与虚指这一对概念的基础,却是发话人本人所持的意图,同受话人没有直接关系。"(陈平1987)

　　下面再举汉语的两例,并将前面 2.2.1 小节中的例(1—3)中的部分例句重写以对比:

(11) a. 我发现书架上少了<u>一本书</u>,但还不知道是哪一本。(虚指)

b. 我发现书架上少了<u>一本书</u>,就是张三去年送我的那本。(实指)

(12) a. 张三想娶<u>一个新疆姑娘</u>做老婆,因为他听说新疆姑娘长得漂亮。(虚指)

b. 张三想娶<u>一个新疆姑娘</u>做老婆,是他去年到新疆旅游时认识的。(实指)

(13) a. 张三是<u>一名菜农</u>。(无指)

b. 他目瞪口呆,像<u>一根木头棒子</u>楔在原地,一动不动。(无指)

c. 没想到他的所谓办公室连<u>(一)张桌子</u>都没有。(无指)

这里我们着重把虚指和上文提到的无指进行比较。相同之处在于,它们都不跟现实或可能世界中的某个对象相联系;不同之处在于,做无指解释的名词短语不具有指称性,而做虚指解释的名词短语具有指称性,只不过其指称对象在说话时刻对说、听话人或其他任何人都暂时是无法确定的。

2.2.4 类指与个指

除了以上讨论的有指/无指、定指/不定指、实指/虚指等指称性特征外,类指(generic)与个指(individual)也是文献中经常讨论的一对概念[①]。顾名思义,做类指解释的名词短语,其所指是整个名词性成分所代表的一类事物;做个指解释的名词短语,其所指则是名词性成分所代表的一类事物中的某个或某些个体。不太严格地讲,也许可以用下图来呈现它们与其他指称特征的关系:

---

① 文献中类指、个指分别还被称作通指、单指,如陈平(1987)。

第二章 指称和量化

之所以说我们这个框架并不是太严格的,是因为它们并非是基于同一个分类标准得出的。如果说有指/无指、定指/不定指、实指/虚指等三对有关指称性的概念是基于说话人、听话人的语用视角,根据[±可识别性]特征分类得出的话,而类指和个指则显然是基于另外一种标准得来。因此,和其他三对概念之间,难免会出现部分交叉、重合,但又不完全相同之处。一方面,类指成分并不指称语境中的任何一个具体的对象,这与无指成分有相同之处;另一方面,类指成分又代表现实世界中一个确定的类,这又与定指成分有相同之处(陈平1987)。更值得一提的是,它们这种在语义方面的相互关联在句法上也会时有体现。以光杆名词短语为例,出现在动后位置时,可以做无指或类指解释;出现在动前句首位置时则又倾向于做类指或定指解释。

(14) a. 我喜欢读**书**。(无指)
  b. 我喜欢读**书**,不喜欢读**报**。① (类指)
(15) a. **书**是人类进步的阶梯。(类指)
  b. (今天数学课,)**书**忘家里了。(定指)②

2.3 量化性

前面有交代,就无定名词短语的语义而言,量化性和指称性是处于同一层面、相互补充的两种语义属性。究竟应该如何看待这两种属性的关系,的确是一个非常重要的话题,后面会有专题讨论。本小节只是交代一下与量化性相关的几个概念,目的也是为以后的讨论做准备。

在我们研究对象中所列的几类无定名词短语中,除光杆名词外,

---

① 该句正常说出时,两个光杆名词"书、报"都应该带句子重音,我们以黑体表示。
② 语感上,我们感觉例(14)两句中的"书"的确会很难在无指和类指间定夺,因为类指本质上就是没有具体的所指,也许就是一种特殊的无指。但如果我们非得要用无指和类指来区分(14a,b)两句中"书"的语义的话,那么只能是(14a)表示无指,(14b)表示类指,而不能是相反。如果读者能认可我们这一点的话,就足够了,这足以说明无指和类指是有区别的。当然,(15)中类指和定指的区别还是比较清楚的,具体原因会在下一章涉及。

其他各类均由量化词加名词构成,明显具有数量性。其实,在广义量词理论中,包括专有名词、光杆名词短语等在内,所有名词短语都被看做是量化短语,其语义为集合的集合,结构上选择谓词做其论元。下面是广义量词理论对各类名词短语的语义描写:

(16) a. [张三] = {X ⊆ U | 张三 ∈ X}
    b. [所有的学生] = {X ⊆ U | A ⊆ X}
    c. [某个学生] = {X ⊆ U | X ∩ A ≠ ∅}
    d. [三个学生] = {X ⊆ U | X ∩ A = 3}
    e. [至少三个学生] = {X ⊆ U | | X ∩ A | ≥ 3}
    f. [大多数学生] = {X⊆U | | X ∩ A | > 1/2 | A |} 或 {X ⊆ U | | X ∩ A | > | X − A |}①

某种意义上,一般把(16a—f)中所列的各类名词短语的量化意义分做全称量化(universal quantification)和存在量化(existential quantification)两类。一类以"所有的"、"每一个"为典型,一类以"某个"、"三个"等为代表。两类在语义上的差别,可以从它们的语义描写中看出来:全称量化表示的是两个集合间的从属关系,即一个集合是另一个集合的子集,如(16a, b)②;存在量化表示的则是两个集合间的相交关系,如(16c—f)。有意思的是,两类量化短语除了语义上的差异外,在句法分布方面两类同样也会表现出某些相平行的对立:如有些句法位置只倾向于出现某一类量化短语,另一类在出现在该位置时会受到某些条件的限制。当然,这也会在某种程度上有助于我们去寻

---

① 各表达式中的 A 表示的是光杆名词所指的集合,X 表示的相当于名词短语后接 VP(即[s NP VP])所指的集合。翻译成自然语言分别是:a. [s 张三 VP]为真的条件是"张三"所指的个体事物是 VP 所指个体事物集合的成员;b. [s 所有的学生 VP]为真的条件是"学生"所指的集合是 VP 所指集合的子集;c. [s 某个学生 VP]为真的条件是"学生"所指的集合和 VP 所指集合的交不是空集;d. [s 三个学生 VP]为真的条件是"学生"所指的集合和 VP 所指集合的交等于 3;e. [s 至少三个学生 VP]为真的条件是"学生"的集合和 VP 所指的集合的交应大于或等于 3;f. [s 大多数学生 VP]为真的条件是"学生"所指的集合和 VP 所指集合的交集的基数应大于"学生"集合基数的二分之一,或者"学生"集合与 VP 集合的交应大于学生集合与 VP 集合的补,通俗地讲,是学生且 VP 的成员的数目应大于是学生没有 VP 的数目。

② (16a)中的专有名词"张三"之类可以看做是一种特殊的全称量化词。

求句法—语义接口层面的对应规律。

广义量词理论的核心,就是把所有的名词短语看做是量化短语,语义上视其为集合的集合或性质的性质。我们的研究并非完全是在形式语义学的框架内详细探讨名词短语的语义,我们借此试图说明的是,至少就我们所关注的无定名词短语来讲,考察它们的量化意义,是早有这样的传统的。我们主要关注的是这些性质不同的量化短语,其语义解释和句法分布有无关联?如果有,他们的这种相互关联又是怎样的?这是我们关注名词短语量化性的主要目标。

通俗地看,各类无定名词短语的量化属性也可以这样理解,在实际的应用中,除了用以指称实际的个体外,它们还通常具有某种数量意义,而且有时这种数量意义会大于或者压制住其指称意义。

2.4 小 结

本章讨论了有关名词短语指称性、量化性的语义概念。需要强调指出的是,文献中对于所有这些概念,以及这些概念之间的区别与联系,并没有非常一致的看法。鉴于这些语义概念自身的错综复杂及其相互间联系的扑朔迷离,这里我们关于这些语义概念及其相互间关系的讨论,仅仅是一家之言。之所以对其进行讨论,也只是为了界定它们的所指及关系,为后面的讨论服务。

关于无定名词短语指称性和量化性之间的关系,重申一下我们的基本观点:它们同是无定名词短语的两种自然属性。在实际的语言实例中,无定名词短语的语义,有时指称性占上风,有时量化性占上风,还有时两者会打成平手,互不相让。

第三章 光杆名词短语的语义解释

3.1 引　　言

　　名词即"表示人或事物名称的词"。虽然传统语法对于名词的这一定义由于单纯是从语义出发而受到很多指责,但它也基本上反映出了名词的语义特征。同表示人或事物的性质、状态、动作等的谓词(包括形容词和动词)相比,名词既然是表示人或事物的名称,其所指(denotation)也理应就是人或事物。"张三、李四、这个人"等的所指是某一言谈论域(universe)中的特定个体,"狗、学生、科学家"等的所指则是某一可能世界中所有具有"狗、学生、科学家"性质的个体的集合。我们说"张三、李四、这个人"等专有名词或有定名词短语的所指是个体似乎并没有什么问题,但对于"狗、学生、科学家"等这些光杆名词而言,问题就没有那么简单了。说它们表示种类,表示性质,表示某一种类的某个(些)范例(specimen),表示定指的个体,似乎都只能是盲人摸象,以偏概全。

(1)a. 狗很常见。(狗:种类)
　　b. 张三是科学家。(科学家:性质)
　　c. 我昨天在动物园看见熊了。(动物园:定指的个体①;熊:个体范例)

　　可见,光杆名词的语义远非专有名词、有定名词那般清晰明了。就汉语而言,光杆名词既可以出现在论元位置,也可以出现在谓词位置;不同的谓词,不同的句法位置(主语、宾语等),都会影响其语义解

---

① 在该话语所出现的典型语境中,"动物园"一定是说、听双方共知的,也很可能是所在城市唯一的、特定的,因此是定指的。

释。在西方语言学文献中,关于光杆名词的研究不仅多,而且也有了相当的深度和广度。但关于汉语的光杆名词,虽然西方文献中有所提及,但多是零星的、散落的,缺乏系统;而汉语语言学界少有的研究,囿于视野的局限,也很难和国际接轨。本章的目的,就是结合目前国外文献中对不同语言(主要是英语)中光杆名词的研究,立足汉语实际,考察汉语光杆名词的语义特征。

实际上,光杆名词短语的名称应该是来自英文的 bare noun phrases。在西方大多数语言中,由于冠词的存在,使得名词在没有投射为限定词短语(DP)的情况下无法出现在论元位置,这以法语最为典型。英语中虽然允许光杆名词短语出现在论元位置,但其句法分布和语义解释都受到一定的限制。正是相对于[_{DP} D NP],才有了光杆名词短语的说法。就英语而言,一是可数名词的光杆复数(bare plural nouns),一是物质名词的光杆形式(bare mass nouns)。然而,由于汉语中连像英语中那样不算丰富的冠词都没有,这造成光杆名词短语的使用更加自由、频繁,而语义解释上也更为复杂、多变。需要说明的是,本章所谈的光杆名词短语,既包括前文提到的类似"狗、熊、科学家、动物园"等没有任何限定词(determiner)和修饰语的光杆名词,又包括类似"聪明学生、好叫的狗、老王从上海买来的衬衫"等带修饰成分的光杆名词短语。(类似界定另请参阅刘丹青 2001;2002:421)

3.2 光杆名词的类指用法

最早对英语光杆名词语义的系统研究当推 Carlson(1977),其主要观点是(1977:301-302):英语中的光杆复数名词应视为一种统一的句法、语义现象,语义上应视为一类事物的名称,其所指为种类;不应该把表示类指的光杆复数名词等同于一般的量化短语(quantified phrases)。所谓光杆复数名词的类指用法就是事物种类的名称。光杆复数名词的类指、个体性解释并不是其自身的歧义表现,而是由语境决定的。本体上,光杆复数名词的所指可以是种类、客体(objects)、阶段(stages)三个次类,它们通过 R(realization)这一"实现"关系相互联系。具体来讲,某些谓词只适用于某个次类,排除其他次类,从而导致光杆复数名词的不同解释。下面,我们以汉语实例来阐述以上观点。

直觉上,把光杆名词短语的所指定义为种类最直接的证据来自光杆名词的类指用法。一般认为,类指(genericity)包括两种情况,一种是特征概括类指句(charactering statements),一类是种类指称类指句(kind reference),前者涉及种类的具体范例,后者则是对个体事物集合所具有的某种性质的概括(Krifka 2004)。分别例示如下:

(2) 特征概括类指句

　　a. 土豆中含有维生素 C。

　　b. 狗有四条腿。

　　c. 绅士应该主动为女士让座。

(3) 种类指称类指句

　　a. 狗很常见。

　　b. 土豆最早在南美种植。

　　c. 电灯是由爱迪生发明的。

就例(2)中的特征概括类指句来讲,述谓结构所表示的性质为光杆名词所指称的个体事物所具有。既然是这种性质为光杆名词所指种类中的所有或绝大多数个体所具有,因此可以得出该性质为整个种类所具有,光杆名词的所指无疑可以看做是某个种类。对(3)中的种类指称类指句而言,情况就不同了:谓词所表示的各种性质,如"很常见"、"最早在南美种植"、"由爱迪生发明"等,并不是直接应用于种类中的某一或任一个体事物,而是为整个种类所具有。两种类指句的不同,可以从以下三个方面得到验证。

首先,对特征概括类而言,其真值可以通过给变项逐一赋值的方法来检验。以(2a)为例,假定可以穷尽某一世界中所有的土豆,要判断(2a)的真假,只要对它们逐一进行营养成分的分析,看其是否都含有维生素 C 就可以了。相反,对种类指称类来说,却不可能用该方法来判断真假,在(3b)中显然不能通过逐一对土豆进行测试来判断是否最早在南美种植。

其次,在特征概括类中,可以假定隐含了一个量化算子,因为可以在表层上把该算子添加上去而使原句的意义不变,如(4)。但这种操作同样也不能用于种类指称类,如(5)。

(4) a. 狗有四条腿。

　　b. 大多数狗有四条腿。

(5) a. 狗很常见。

　　b. ＊大多数狗都很常见。①

第三，虽然同样都是做类指解释，但特征概括类允许例外出现，种类指称类则不能。如：

(6) a. 狗有四条腿，但昨天我见到了一只五条腿的狗。

　　b. ？恐龙灭绝了，但昨天我见到了一只恐龙。

两种类指句的不同，可以从下面对它们语义的形式化描写（即逻辑表达式）中显现出来：

(7) a. GEN$_x$[$^\cup$狗'(x)] [有四条腿'(x)] (=(2b))

　　b. 很常见'(狗')(=(3a))

需要解释的是，(7a)中的"$^\cup$狗'"表示的是"狗"的性质，而(7b)中的"狗'"表示的是"狗"的类别。Chierchia(1998)同意 Carlson(1977)的基本观点，认为所有的光杆名词论元都指称种类。他指出，种类就是自然中的规律性(regularity)。自然界中的种类和性质之间存在着对应关系，可以互相转化：种类既可以看做是普通名词谓词性的名物化，谓词性也可以看做是种类指称的谓词化。套用 Frege(1891；转引自 Chierchia 1998)的话来讲就是，可以把种类和性质看做是同一信息的两种外包装。性质是不饱和的，对于个体来讲或真或假；类别是饱和的，在世界中有具体的表现。自然语言中的名词都具有上述双重属性，一方面表示性质，出现在谓词或量化词的限制语位置；一方面指称种类，出现在论元位置。

因此，对任何自然的种类而言，都有对应的性质；反之，某些特定的性质，也一定表现为某个自然的种类。需要注意的是，这里所说的自然种类，并非一定是生物学意义上的或已经在人类的认知概念中建立起来的种类概念。一些人工制品（如"椅子、汽车"等）或复杂的事物（如"聪明学生、好叫的狗"）也可视为种类，前提是我们可以从中找到

---

① 注意当"大多数狗"解释为"大多数种类的狗"时该句是合格的。

足够规律性、稳定性的表现(即性质)。如此一来,种类的界限是模糊的,是随语境而变的。"好叫的狗"可以看做是一个自然种类,但"桌上的书"就很难视为一个自然种类。实际上,也正是由于种类和性质之间的这种依存关系,才造成了光杆名词论元在语义解释时对谓词的依赖性。刘丹青(2002)曾举例说明种类界限的模糊性。

(8) a. 王大鹏家的狗很多。
　　b. 王大鹏家的狗很凶。
　　c. 王大鹏家的狗死了。

正如刘文观察到的那样,"王大鹏家的狗"在(8b,c)中倾向于做有定的个体指称解释,但在(8a)中则倾向于指称种类。

但不管怎样,既然性质和自然类别之间有对应关系,那么就一定存在着由此到彼或由彼到此的方式(即函数)。Chierchia 用算子 $\cup$ 表示由种类到性质的函数,用算子 $\cap$ 表示由性质到种类的函数。假定我们以"狗'"表示光杆名词的语义所指,即种类,那么"$\cup$ 狗'"就表示狗的性质。

话又说回来,之所以在作为种类指称类指句的逻辑表达式(4b)中可以直接出现"狗'",就是因为类似"灭绝、绝种、数不胜数、常见、大量存在、稀罕"等种类谓词(kind predicate),可以直接应用于表示种类的"狗'"之上;而在特征概括类指句中,由于述谓结构表示的性质是应用到光杆名词所指种类中的个体,因此在其逻辑表达式中需引入类指算子 GEN(关于该算子的性质,参见下文的讨论)。同时,由于类指算子要求出现在其限制语中的光杆名词的所指必须是性质(只有性质才可以限制类指算子所约束的变项的范围),因此这里有必要出现由种类到性质的类转换算子 $\cup$。

总之,虽同为类指句,但两者的区别在于:种类指称类指句是把整个种类看做是一个抽象的个体,亦即所谓的二阶个体(second-order individual),而特征概括类指句则是把整个种类看做是由个体成员组成的集合,是对个体成员性质的概括(Lyons 1999:179—180)。正因如此,由于光杆名词的所指是种类,且种类和性质可以互相转化,光杆名词可以自由出现在不同的类指句中。相反,对"一+量词+名词"这种无定名词短语来讲,由于其语义贡献只是为句子引入变项(Heim

1982),其类指含义是来自类指算子的约束,因此不能出现在种类指称类指句中。简言之,正是光杆名词和"一＋量词＋名词"自身语义上的差异导致了它们在类指句中的分布差异。

(9) a. 一个土豆含有丰富的营养成分。
　　b. 一条狗有四条腿。
　　c. 一个绅士应该主动为女士让座。
(10) a. ＊一个土豆最早在南美种植。
　　 b. ＊一条狗很常见。
　　 c. ＊一个电灯是由爱迪生发明的。①

在讨论无定名词短语用于类指时,刘丹青(2002)指出:"一＋量＋名"会受到更多的限制,尤其是当 NP 生命度低的时候;超过"一"的数量短语能用来表示无定成分,却不能表示类指。下面是他的例句:

(11) a. 一个学生就应当刻苦学习。
　　 a'→ 学生就应当刻苦学习。
　　 b. 砖头是用来盖房子的。
　　 b'→ ＊一个砖头是用来盖房子的。
　　 c. 店里走了三位客人。
　　 c'→ ? 三位客人,怎么能对主人这样不礼貌?(除非定指)

我们认为,无定名词短语能否用于类指,取决于句中是否出现类指算子,与 NP 的生命度、数量成分是否超过"一"并没有直接的联系。"一个砖头"在(11b')中之所以不能用于类指,并非是因为其生命度低,真正的原因是述谓成分"是用来盖房子的"和"多、少"等谓词一样,属种类谓词。同理,(11c')的不合格也并非因为数量成分大于"一",而在于句中没有出现类指算子。我们发现,和刘文的预测相反,"一块砖头"、数量大于"一"的无定名词短语,可以在下面的(12)中用于类指:

(12) a. 一块砖头砌不成墙,一根木头盖不成房。(来自百度搜索)

---

① 当然,如果将量词换为表示种类的专用量词"种、类"等,各句又都成为合格的句子。

b. 三个臭皮匠顶个诸葛亮。

除了以上讨论的两类类指句,Li(1997:75—77)曾讨论过另外一种特殊的类指句。请看实例:

(13) 鸡叫过。
    a. 对那只说、听双方都知道的鸡来讲,它过去至少叫过一次。
    b. 过去至少出现过一次这种情景,且在该情景中有属于"鸡"这类动物的至少一个成员至少叫过一次。

Li(1997)指出,(13)中的光杆主语"鸡"既可以指称有定的个体,也可以指称种类,分别对应a,b两种真值条件。何以会出现这种歧义?根据Yeh(1996),体标记"过"会对事态或情景进行存在量化约束。相对于"过",光杆主语"鸡"有两种可能的解释:它既可以处在"过"的辖域之内,也可以处在其辖域之外。如果是后一种情况,"鸡"解释为有定的个体。在前一种情况下"鸡"指称种类。问题是,根据(13b)所示的真值条件,按说"鸡"应该解释为无定的个体,但这里却又为何得出种类的解释了呢?这既与"过"有关①,但同时也与光杆名词"鸡"指称种类有关,因为典型的指称无定个体的名词短语"一只鸡"似乎既不能出现在这类句式中的主语位置,当然也无法得出种类指称解释:

(14)？一只鸡叫过。

基于此,Li(1997)把光杆名词的这种特殊的类指性解释称做代表性种类指称(representative kind-referring)。再如:

(15) a. 老虎伤过人。
    b. 人类登上过月球。
    c. 张三看见了苹果。(个体性解释)

---

① 这里之所以认为"鸡"在(7b)中的种类解释跟"过"有关,是因为在"过"不出现时,如将"过"代之以"了","鸡"就不能解释为种类,如i所示。也就是说,这里讨论的这种特殊的光杆名词的类指解释,即光杆名词的代表类类指用法,在某种程度上是由"过"所引起。

i. 鸡叫了。

d. 张三(看)见过苹果。(类指性解释)

总之,在这类含有"过"的代表性类指句中,光杆名词短语可以指称种类。从另外一个角度来看,虽然光杆名词所指种类中的某个或某些成员在"过"所约束的事态或情景中是个体性的,是具体事态的参与者(如某个(些)老虎伤过人、某个(些)人登上过月球),但说话人的意旨却是要把某个(些)个体的特征推而广之到个体所属的整个类别上。这也许是出自说话人某种情感表达的需要:某个(些)老虎伤过人,整个老虎家族都受到牵连;某个(些)人登上过月球,整个人类都感到自豪。再者,就句 c, d 的对立,也可以如此解释:从本体上讲,光杆名词的种类解释要先于个体性解释。如果我们要把 c 中张三看到的那个实体称做"苹果",我们必须将其与作为种类的"苹果"联系起来。反之,正如出现"过"的句式所体现,当我们谈论种类"苹果"时,我们并不必将其对应于某个实际存在的实体,哪怕是心目中存在的也好(参见 Krifka 1995:399)。另外,刘丹青(2002:414)的"光杆名词短语类指普遍性假说"也表述了类似的观点,他指出:"类指以光杆 NP 的形式存在于一切名词性单位中,其他指称义的 NP 都可以看做是其他指称标记加一个类指 NP,当没有用其他指称标记时,光杆 NP 以纯粹的类指义出现。换言之,类指 NP 不但形式上是最无标记的,意义上也是最无标记的,是一切指称义的基础。"

3.3 光杆名词的个指性解释

在前面一节关于类指句的讨论中,我们看到了光杆名词是如何表示种类的。接下来,在本节我们将讨论光杆名词的个指性解释。鉴于光杆名词的个指性用法只出现在事态句中,是由特定性质的谓词决定的,因此本节的讨论先从谓词的性质开始。

3.3.1 恒常性谓词和瞬时性谓词

Milsark(1974)最早根据能否用于 there-插入结构,把英文中的形容词分为性质(properties)形容词和状态(states)形容词两类。前者所表示的物体的性质被认为是永恒的、不可改变的,在某种意义上从属于物体本身；而后者则表示物体的一些条件、状况，是短暂的，不为物体所拥有，即使失去也不会对物体的基本性质带来改变。应该说，把这两类形容词的区分推而广之到所有谓词，即恒常性谓词(individual-level)和瞬时性谓词(stage-level)，①还应归功于 Carlson (1977)。按照 Carlson 的说法，和自然语义相关的事物应做如下分类：(另见 Jäger 1999：68)

与此对应，作用于事物上的性质（即谓词）也应该分为如下两类：

(17) 性质 ⎰ 个体性质：恒常性谓词
　　　　 ⎱ 阶段性质：瞬时性谓词

继 Milsark, Carlson 等人之后, Kratzer (1995；1996)系统地对两类谓词不同的分布和语义进行了讨论和解释。下面我们主要以汉语语料为例，对上述研究进行介绍。

Milsark(1974)最先观察到，在是否能够用于 there-插入结构方面，形容词的表现并不相同（转引自 Carlson 1977：71—72）：

(18) a. Several policemen were available.
　　 b. There were several policemen available.
(19) a. Several policemen were intelligent.
　　 b. *There were several policemen intelligent.

为何(18a)可以很自然地转换为(18b)，但(19a)却不能转换为(19b)？原因就在于 available 和 intelligent 性质的不同：前者表示的是不为事物（即警察）所拥有的某种外在条件，后者表示的则是事物所

---

① 按照 Carlson 的本意，这两种谓词大体应理解为"作用于个体的谓词"和"作用于个体阶段的谓词"，这里的翻译是根据蔡维天(2002)。刘丹青(2002)将其分别译为"事态谓语"和"属性谓语"。

拥有的某种恒定的性质,而能够同 there-插入结构匹配的只能是前者,不能是后者。

Carlson(1977)发现,不仅不同性质的谓词会对 there-插入结构的合格性造成影响,而且也会决定出现在它们主语位置上的光杆名词短语的语义解释,这在文献中被称做主语效应(subject effect)。下面是一个经典的例子:

(20) a. 消防员马上就到。
b. 消防员大公无私。

使用了瞬时性谓词的(20a)只可以解释为"某些消防员马上就到",即其中的光杆名词"消防员"只能做个指解释。相反,在出现了恒常性谓词的(20b)中,"消防员"则会倾向性地解释为整个从事消防工作的一类人,无法得出个指解释。

另外,Carlson 还观察到,性质不同的谓词在所谓"感知报道"(perception report)句式中的表现也呈明显的对立:(Carlson 1977:125)

(21) a. 张三看见那些警察没穿衣服。
b. 张三看见那些警察向酒吧跑去。
c. 张三看见那些警察被强盗追赶。
d. 张三看见那些警察在快艇上。
(22) a. *张三看见那些警察很聪明。
b. *张三看见那些警察拥有汽车。
c. *张三看见那些警察是哺乳动物。
d. *张三看见那些警察是好人。

如何解释这两组平行结构的合法性对立?用 Carlson 的话来讲,用于感知性动词"看见"的宾语后的谓词必须是表示事物阶段性质的瞬时性谓词,而不能是表示事物个体性质的恒常性谓词。

Kratzer(1995)发现,瞬时性谓词和恒常性谓词的不同还表现在前者可以受时间、频率副词的修饰,但后者不能:

(23) a. 张三今天说英语了。
b. 张三说了好几次英语。

(24) a. *张三今天懂英语。
   b. *张三懂了好几次英语。

如何统一解释上述两类谓词种种不同的句法表现？Kratzer 指出，两类谓词不同句法表现的根源在于它们不同的论元结构：瞬时性谓词的论元结构中含有一个事态论元，而恒常性谓词则不含这样一个论元。下面是她给出的一组英文例句：

(25) a. Always when a Moroccan knows French, she knows it well.
   b. Always when Mary knows a foreign language, she knows it well.
   c. Always when a Moroccan knows a foreign language, she knows it well.
   d. *Always when Mary knows French, she knows it well.

自 Lewis(1975)，人们已普遍接受，对句中出现的"通常、总是、一般"之类副词而言，它们实际上是对主语进行量化。如在下面(26a, b)的逻辑表达式(27a, b)中，分别将副词"通常、一般"处理成了相应的量化词"大多数、很多"：

(26) a. 二次方程通常有两个不同的解。
   b. 北方人一般都很高大。
(27) a. 大多数$_x$[二次方程式(x)][有两个不同的解(x)]
   b. 很多$_x$[北方人(x)][很高大(x)]

再回到例(25)，Kratzer 将其翻译成下面的逻辑表达式(28)：

(28) a. Always $_x$ [Moroccan (x) ∧ know(x, French)] [know-well(x, French)]
   b. Always $_y$ [foreign language (y) ∧ know(Mary, y)] [know-well(Mary, y)]
   c. Always $_{x,y}$ [Moroccan (x) ∧ foreign language (y) ∧ know(x, y)] [know-well(x, y)]
   d. Always [know (Mary, French)] [know-well (Mary, French)]

为何(25d)不合格？对比(25a—d)的逻辑表达式(28a—d)可以发现，d句的不同之处在于量化副词"always"没有可约束的变项。为此，Kratzer(1995:131)提出如下一条"量化结构非空限制"来解释(25d)的不合格：

> 量化结构非空限制（Prohibition Against Vacuous Quantification:PAVQ）对量化算子 Q 而言，必须存在一个变项 x，x 既在其限制语中出现，又在其核域中出现，并同时都受到 Q 的约束。①

有意思的是，当我们把(25d)中的恒常性谓词 know 代之以瞬时性谓词 speak 时，(29a)则又成为合格的句子。为何如此？用 Kratzer 的话来讲，就是因为瞬时性谓词相对于恒常性谓词多了一个具有时、空处所坐标的事态变项 e。该变项受量化算子的约束，从而可以避免违背"量化结构非空限制"。因此，下面(29a)的逻辑表达式应记做(29b)：

(29) a. Always when Mary speaks French, she speaks it well.
  b. Always $_e$ [speak (Mary, French, e)] [speak-well (Mary, French, e)]

我们认为，Kratzer 这种关于瞬时性谓词较之恒常性谓词多引发一个事态论元的假设同样也适用于汉语。有下面的(30)为证：

(30) a. 北方人一般都很高大。
  b. *张三一般都很高大。
  c. 张三一般都来得比较晚。

如果说句 a 的合格是因为句 a 中做类指解释的"北方人"在语义上和副词"一般"在语义上相容，从而可以受到它的修饰，句 b 中的"张三"不能受其修饰，那么为何同样是专有名词做主语的句 c 却是合格的呢？诚然，就句 a，b 而言，其合格性对立是由于不同性质的主语所致；而句 b，c 的对立则表明，除主语外，谓词也是很重要的一个因素。

---

① 限制语(restriction)、核域(nuclear scope)是量化算子具有的三分结构中的两个部分，详细内容请参见王广成(2006)的有关介绍。

能否对三句的对立进行统一的解释呢？假定把"一般"之类的副词看做是量化算子。作为算子它要求有变项出现，否则会因为空量化(vacuous quantification)造成句子不合格。(30a)中，由于光杆名词主语能够引入变项并受到类指算子的约束，是合格的；(30c)中，虽然主语"张三"不能引入变项，但由于谓语"来得比较晚"是瞬时性的，可以引入一个事态变项并受到算子"一般"的约束，因此也可以避免空量化，句子是合格的；至于(30b)，其不合格性则是由于没有变项出现而导致空量化所致。

Kratzer的假设不仅能解释例(25)、(30)等类问题，而且还能解释两类谓词在上述其他方面的一些句法对立。为何恒常性谓词不能出现在"看见"等感知动词后的小句中？(参见例21、22)原因很简单，感知动词语义上要求某个真实发生的事态做其补语，而恒常性谓词不含有事态论元，因此例(22)中的各个小句不合格。为何瞬时性谓词可以受时间、频率副词修饰，恒常性谓词则不能？(参见例23、24)显然，时间副词也好，频率副词也罢，它们都只能应用到事态论元。既然恒常性谓词不能引发事态论元，当然也就不能出现这类副词。

另外，我们发现，利用Kratze的假设，还能解释下面汉语中的一种现象。

(31) a. 我吃了一个生辣椒。→a' 我生吃了一个辣椒。
　　　b. 我吃了一个红辣椒。→b' ＊我红吃了一个辣椒。

为何句a有相应的a'式，而句b不能转化为句b'？我们认为，"生"一方面可以作为恒常性谓词应用到"辣椒"之上，即"生"作为辣椒本身的一种内在性质，使得"生辣椒"可以指称种类。另一方面，"生"还可以作为一种"吃的方式"用做瞬时性谓词，并选择事态做其论元。在a'中作为"生"论元的事态和"吃"所代表的事态同为一个事态，因此可以合并成"我生吃了一个辣椒"。相反，"红"的性质只能看做是"辣椒"的一种自然属性(即红辣椒指称种类)，"红"作为恒常性谓词不能作用于事态论元，因此不可以说"我红吃了一个辣椒"。也就是说，"生、红"在a'，b'中的位置和解释，需通过所引发的事态论元和主谓词"吃"所引发的事态论元的关系来维持，既然"红"不能引出一个事态论元，(31b')的不合法也就理所当然了。

需要强调的一点是,恒常性、瞬时性两类谓词的区分是据其在句中的表现确定的。绝大多数情况下,虽然谓词的性质在入句前后并不发生改变,但这并不排除有些谓词的性质具有不稳定性。蔡维天(2002)举过这样的例子:

(32) a. *张三昨天很笨。
　　 b. 张三昨天很笨,连一块钱都没多拿。

为何本为不合格的(32a)在(32b)中又成为合格的句子?显然这是由于"很笨"的性质发生了改变:由恒常性谓词变成了瞬时性谓词。

3.3.2 光杆名词的个指性解释

如前所言,在 Carlson 的框架中,事物被分成了阶段、物体、种类三个层次,其中物体、种类不同于阶段的地方在于它们都是个体(种类被看做是抽象的个体)。与此相关的是,作用于事物的谓词也相应地分为表示事物性质的恒常性谓词和表示事物状态的瞬时性谓词,前者作用于物体、种类,后者作用于阶段。因此,光杆名词除了在恒常性语境中做类指性解释之外,还可以在瞬时性语境中有个指性用法。

(33) a. 院子里猫在追耗子。
　　 b. 有狗在吠。
　　 c. 有土豆从袋子里滚了出来。

显然,在上面(33)中的一组实例中,光杆名词"猫、耗子、狗、土豆"的所指无疑都是个体性的。相对于恒常性谓词,在瞬时性语境中,光杆名词的所指无疑都是个指性的,即指称某个(些)特定的客体。在 Carlson 的框架中,光杆名词的所指被统一看做是指称种类。在恒常性语境中,表示性质的谓词直接应用于个体(注意种类被看做是抽象的个体);在瞬时性语境中,表示事态或发生的谓词则通过"实现"关系应用到个体的阶段。可以将(33)中各例的逻辑表达式记做下面的(34)。

(34) a. $\exists_x\exists_y[R(x,猫) \wedge R(y,耗子) \wedge 在院子里—追(x,y)]$
　　 b. $\exists_x[R(x,狗) \wedge 在吠(x)]$
　　 c. $\exists_x[R(x,土豆) \wedge 从袋子里滚了出来(x)]$

与此类似，Chierchia(1998)指出，在瞬时性语境中，由于谓词是应用于个体之上的，而光杆名词的所指又是种类，这样就会引发一种语义类的错位。这种错位需通过一种自动的、局部的类转换机制来完成，即引入一个局部的存在量化。Chierchia 将(33)中诸例的逻辑表达式分别记做：

(35) a. $\exists_x \exists_y [^{\cup}猫'(x) \wedge {}^{\cup}耗子'(y) \wedge 在院子里—追'(x, y)]$
  b. $\exists_x [^{\cup}狗(x) \wedge 在吠(x)]$
  c. $\exists_x [^{\cup}土豆(x) \wedge 从袋子里滚了出来'(x)]$

总之，照 Carlson 等看来，光杆名词短语自身的语义并不具有歧义性。尽管光杆名词有时做类指性解释，有时又做存在性解释，但这只不过是不同性质的谓词使然。所不同的是，在恒常性语境中，谓词直接作用于个体，而在瞬时性语境中谓词应用于事物的阶段，是借助于"实现"关系来实现。

再次重申的是，恒常性、瞬时性两类谓词的区分应该是根据谓词在句中的表现而定，是动态的。虽然在绝大多数情况下，谓词的性质在入句前(词库中)和入句后并不发生改变，但并不排除有些谓词的性质具有不稳定性。或者说，有些谓词既可以用做恒常性的，也可以用做瞬时性的。再者，句中其他成分也有可能对谓词的性质造成影响。因此我们说光杆名词短语的解释是由谓词性质决定，严格地讲，也应看做是动态的，最终决定光杆名词论元的语义解释，还是要把谓词和句中其他成分综合起来，整体上看光杆名词所处的语境是恒常性的，还是瞬时性的[①]。

Fernald(1999)(转引自 Jäger 1999)指出，一个谓词是否允许其无定主语做个指性解释，不仅仅是由谓词决定，还和谓词所带的宾语有关：

---

① Chierchia(1995：178)曾指出，在合适的语境下，所有谓词都可以表现为瞬时性谓词。他举的例子是，假设约翰是一个有思维能力和无思维能力的"双面人"，下面的句子可以接受：

  i. 约翰星期二很聪明，但在星期三是笨蛋。

  显然，在该句中无论是"很聪明"还是"是笨蛋"都只能看做是瞬时性谓词。

(36) a. Monkeys live in trees.（倾向于做类指解释）
　　 b. Monkeys live in that tree.（倾向于做个指解释）
(37) a. 猴子住树上。（倾向于做类指解释）
　　 b. 猴子住那棵树上。（倾向于做定指解释）
　　 c. 那棵树上住着猴子。（倾向于做实指解释）
　　 d. 有猴子住那棵树上。（倾向于做实指解释）

在英文的例(36a, b)中，虽然所用的谓词都是 live，但由于(36b)中出现了有定名词短语 that tree，使得谓词的性质发生了改变，即由恒常性谓词转变为瞬时性谓词。因此，对同处在主语位置上的光杆复数名词 monkeys 来讲，在(36a)中倾向于得出类指性解释，在(36b)中倾向于得出个指性解释。同理，(36a, b)译成相应的中文，也存在类似现象：恒常性语境中的光杆名词主语只有类指性解释(37a)，在瞬时性语境中的光杆名词不能做类指性解释。但不同的是，英文(36b)中的光杆主语"monkeys"是不定指的（即存在性的个指解释），而汉语(37b)中的光杆主语"猴子"却倾向于解释成为说、听双方共知的，或语篇中业已出现的突出事物，即定指的。对应(36b)的不定指解释，只能是(37c, d)。这也许是缘自汉语主语的有定性限制（参见 3.6 小节）。

3.4 光杆名词是否具有量化意义？类指算子的性质

不同于一般量化短语的是，光杆名词短语自身不具有量化意义。一方面，和有定名词短语类似，光杆名词不可以用来回答"多少（个）"之类的问题；另一方面，在光杆名词作类指性解释的句子里，也不能像其他量化算子那样，通过给类指算子指派某一个具体的值来计算句子的真值条件。先看光杆名词出现在种类指称类指句中的情况：

(38) a. 狮子产自非洲、亚洲。
　　 b. 狗是最常见的宠物之一。

如(38)所示，在光杆名词指称种类的类指句中，我们不可能像处理量化短语那样，通过给变项逐一赋值来检验句子的真值：在任何可能的世界中，不可能存在这样的一头狮子，它既源自非洲，又源自亚洲；同理，对任意的一条狗而言，也无所谓"常见"与否。另外，更有力

的证据在于,不可能用任何量化短语来替代出现在种类指称类指句中的光杆名词:

(39) a. 恐龙早已灭绝了。
b. ?? 所有的(/大多数/每一个/很多/一些/三只)恐龙已经灭绝。

作为种类谓词的"灭绝"只能用于指称自然种类的光杆名词。(39b)的语义异常充分表明量化短语并不能表示自然种类,指称种类的光杆名词和量化短语性质迥异。

然而,在特征概括类指句中,我们是假定句子隐含了一个类指算子,该算子通过约束光杆名词所介引的变项使光杆名词具有了类指义。那么我们可否把类指算子等同于其他一般的量化算子呢?表面上看,在算子约束变项方面,类指算子的确像量化算子那样,因为在很多情况下我们可以为类指算子找到某个大体相当的量化算子:

(40) a. 狗是哺乳动物。(GEN = $\forall$)
b. 狗有四条腿。(GEN = 大多数)
c. 狗很常见。(GEN = ?)

对(40a, b)而言,虽然我们能够为类指算子找到某个在语义上相当的量化算子[1],但对(40c)来讲,我们却无法找到这样一个量化算子。即便能够如此,我们也只能把类指算子的量化意义视为复杂多变的,无法对其做出统一的概括。既然如此,把类指算子视作量化算子的意义又何在?

更为严重的是,把类指算子等同于量化算子,还会掩盖它们在更多方面的不一致。首先,量化副词可以和受类指算子约束的光杆名词同现,但不可以和其他量化短语同现:

(41) a. 北方人一般都很高大。

---

[1] Lawler(1973;转引自 Lyons1999)曾指出,类指名词短语和 all 等全称量化短语的区别在于前者允许有例外,但后者不能。再者,由种类谓词构成的类指句和其他类指句的一个区别在于前者不允许有例外,但后者并不尽然。如:
  i. 狗有四条腿,但昨天我见到了一条五条腿的狗。
  ii. ?恐龙灭绝了。我昨天见到恐龙了。

b. ?? 所有的(大多数、每一个)北方人一般都很高大。

显然,即便类指算子具有某种量化意义,也是语境所指派的,如在(41a)中来自量化副词"一般"。就其自身而言,类指算子本身的量化意义不确定,或者干脆说它们本身并不具有量化意义。相反,由于其他量化短语已自身具有某种量化意义,因此不能再和其他量化副词同现。

量化算子同类指算子的另一个不同是,在英文中当否定算子和量化算子同现时,会引发辖域歧义,但和类指算子同现并不引发辖域歧义[①](Carlson 1977:50):

(42) a. Bill doesn't like all wombats.
    b. i. $\neg \forall_x [\text{wombat}(x) \rightarrow \text{like}(\text{bill}, x)]$
        (比尔并不是喜欢所有的袋熊)
      ii. $\forall_x [\text{wombat}(x) \rightarrow \neg \text{like}(\text{bill}, x)]$
        (所有的袋熊比尔都不喜欢)

(43) a. Bill doesn't like wombats.
    b. i. $* \neg G_x [\text{wombat}(x) \rightarrow \text{like}(\text{bill}, x)]$
      ii. $G_x [\text{wombat}(x) \rightarrow \neg \text{like}(\text{bill}, x)]$

总之,在特征概括类指句中,虽然光杆名词会受到来自算子的约束,但类指算子本身并不具有量化意义,类指算子的性质有别于量化算子。

3.5 光杆名词是指称种类,还是表示无定? 可能的解释

关于光杆名词的语义性质,先后有两种理论。一是以 Carlson(1977)为代表的种类指称说,认为光杆名词都统一指称种类。至于在瞬时性语境中指称个体,那是由于瞬时性谓词的共同特征所致:瞬时性谓词用于表示种类的光杆名词时,光杆名词通过存在封闭(或实现关系)得出个指性解释。但该观点受到了以话语表达理论(discourse

---

① 类似的辖域歧义似乎在汉语中没有体现,故这里仅以英文为例。

representation theory：DRT)为代表的另一派观点的挑战（Kamp 1981，Heim 1982，Wilkinson 1991，Diesing 1992，Longobardi 1994，Krifka 1995)。他们认为光杆复数自身是歧义的，除了指称类别，还可以用做弱无定名词短语①，对句子的贡献只是引入变项。作为变项，它们或受类指算子的约束，做类指性解释（指的是特征概括类指句），或受存在封闭约束，做个体指称解释。Chierchia(1998)将该派观点称之为"歧义说"，认为目前占主流。

然而，Chierchia(1998)，Krifka(2004)相继对歧义说提出质疑，对光杆名词的用法重新提出了不同的解释。下节将主要围绕这两种观点进行讨论。

3.5.1 Chierchia 的"新种类指称"说

Chierchia(1998)之所以把自己的观点称之为"新种类指称说"(Newcarlsonian)，是因为他同意 Carlson 的基本观点，认为所有的光杆名词论元都指称类别。但不同于 Carlson 的是，Chierchia 并不借助事物在种类、物体、阶段之间的"实现"关系来对光杆名词的不同用法进行解释（参见 3.3.1)。在他看来，自然界中的种类和自然性质之间存在对应关系，两者可以通过一个"向上"或"向下"的函数应用来进行转化(Chierchia 1998)。

(44) a.

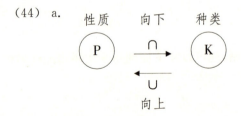

性质的语义类是<s, <e, t>>，种类的语义类是 e。

b. 例如：$^\cap$DOG = d　　$^\cup$d = DOG

Chierchia 指出，种类可以看做是普通名词谓词性的名物化，反之

---

① 这里的弱无定名词短语指的是不先设所指个体存在性的无定名词短语。关于强、弱无定名词短语的讨论，参见第四章。

谓词性可以看做是种类指称的谓词化。可以把种类和性质看做是同一信息的两种外包装。他套用 Frege 的话指出，性质是不饱和的，对于个体来讲为真或为假；类别是饱和的，是可能世界中具体的表现。自然语言中的名词都具有上述双重属性，一方面表示性质，出现在谓词或量化词的限制语位置；一方面指称种类，出现在论元位置。虽然任何语言中的名词都可能会有这两种选择，但问题是，在不同语言中实现的方式却可以是不同的。

Chierchia 反对歧义说，同意 Carlson 的观点，主张把光杆名词的语义看做是指称种类。对种类指称类指句来讲，很简单，只要将谓词函数应用于光杆名词即可，因为光杆名词自身的语义就是种类，而种类谓词又是只能应用于种类指称的谓词。但问题是应如何解释光杆名词在特征概括类指句中的类指性解释和瞬时性语境中的个指性用法呢？

先看光杆名词的个指性用法。在瞬时性语境中，由于谓词是作用于个体之上的，而光杆名词的所指又是种类，这样就存在着一种语义类的错位。这种错位需通过一种自动的、局部的类转换机制来完成。具体来讲，就是通过一个局部的存在量化来避免类错位。Chierchia 将这种类转换机制称作 DKP(Chierchia1998：364)：

派生的种类—谓词结构(Derived Kind Predication：DKP)

如果谓词 P 应用于物体，K 表示种类，那么，$P(k) = \exists_x [^\cup k(x) \wedge P(x)]$

有了这样的类转换机制，就可以在下面的句子中得出光杆名词的个指解释：

(45) a. 狮子毁坏了我的花园。
　　b. $\exists_x [^\cup 狮子(x) \wedge 毁坏了我的花园(x)]$

不仅指称种类的光杆名词可以进行这种类转换，专门表示种类的有定名词短语也可如此。有下例为证：

(46) a. 这种动物毁坏了我的花园。
　　b. $\exists_x [^\cup 这种动物(x) \wedge 毁坏了我的花园(x)]$

现在看光杆名词如何在特征概括类指句中得出类指性解释。和歧义说的基本精神一致,Chierchia 也把类指算子看做是类似量化副词的模态算子。算子要约束变项,并且这种约束体现为"算子[限制语][核域]"形式的三分结构。但不同于 Heim(1982:137)的是,Chierchia 认为类指算子 GEN 是谓词体的一部分,出现在体的功能语类投射中心语的位置。

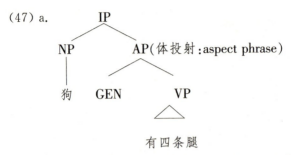

有四条腿
b. $GEN_{s,x}[C(x,s)][$有四条腿$(x,s)]$
c. 所有包含属于"狗"这类动物的个体变项 x 的适当情景 s,都是这样的情景,在该情景中,x 有四条腿。
d. $GEN\ x,s[^{\cup}$狗$(x) \wedge C(x,s)][$有四条腿$(x,s)]$

(47a)是特征概括类指句"狗有四条腿"的结构树图,(47b)是三分结构形式的逻辑表达式,(47c)是(47b)的文字说明,(47d)是该句的语义表达式。在(47a)中,类指算子 GEN 约束的限制语是局部成分统治(c-command)它的成分(即主语"狗"),核域是 GEN 成分统治的成分(即 VP)。在(47b)中,C 是语境变项,其值由语境来确定,设该变项的目的是限制 GEN 的应用范围以使之应用到合适的个体和情景。就该句而言,C 的作用就是把类指算子 GEN 限制在使"狗有四条腿"的条件得以满足的情景(或可能世界)。那么,变项 x 又是从哪里得来的呢?Chierchia 认为是通过接纳(accommodation)从 GEN 的限制语中得来。

Chierchia 对特征概括类指句的这种处理有两个特别之处。首先,类指算子 GEN 被看做是体这个功能语类投射的中心语,其限制语是成分统治它的主语,核域是它成分统治的 VP。我们认为,把类指算子看做是体中心语,符合类指句的典型语境是惯常体(habitual aspect)的基本语言事实。毕竟就事态句和非事态句(或恒常性语境和瞬时性

第三章 光杆名词短语的语义解释

语境)的区分而言,体是很重要的因素之一。其次,受类指算子约束的变项是通过接纳得出。在不含有个体变项的类指句中,类指算子只能约束情景变项,而在含光杆名词或其他无定名词短语的类指句中,类指算子既约束情景变项,也约束个体变项。

Chierchia 对特征概括类指句的这种分析方法的动态性,还表现在可以在逻辑式中对一些名词性成分进行必要的辖域调整或重建。如既可以把句子表层的主语重建在 VP 内,也可以把本是 VP 内的成分提升(或爬升 scrambling)至主语位置。这样一来,我们就可以把句子表层的主语解释为个指,而把处在句子表层 VP 内的名词性成分解释为类指。当然,句子语法只是为这种辖域的调整提供了一种可能的机制,具体在什么情况下需要调整以及如何调整,却往往还要根据句子所在的语篇才能决定,尤其是和语篇所谈论的话题密切相关。需要强调的是,就某个孤立的句子而言,主语位置毕竟是类指算子限制语的常规位置,VP 是存在封闭的常规辖域[①]。下面是 Chierchia(1998)提到的一个需要在逻辑式层面对光杆名词的位置进行调整的实例。

(48) a. Computers route modern planes.
　　　b. [modern planes $_i$ GEN [$_{VP}$ computers route t_i]]

Chierchia 指出,对出现在(48a)中的两个光杆名词短语"computers, modern planes"来讲,虽然前者处在主语位置,后者处在非主语位置,但在语义解释上仍会倾向于把 modern planes 解释为类指性的,把 computers 解释为存在性的,即需要在该句的逻辑式(48b)中对光杆名词的辖域重新进行调整。但问题是,将(48a)译成汉语,无论是下面(49a,b)的哪种译法,我们的语感却始终倾向于把两个光杆名词短语都解释为类指性的。这是否意味着两个光杆名词在逻辑式中都需要提升,即(49a,b)的逻辑式应分别是(49c,d)呢?

(49) a. 计算机为现代飞机设定航线。
　　　b. 现代飞机由计算机(为其)设定航线。
　　　c. [现代飞机$_i$ 计算机$_j$ GEN [t_j 为 t_i 设定航线]]

---

① 关于主、宾语位置(VP 内)光杆名词短语的常规解释,参见 3.6 小节。

d. [现代飞机$_i$ 计算机$_j$ GEN [t$_i$ 由 t$_j$ 设定航线]]

也许，Chierchia之所以会认为英文句(48a)中的modern planes做类指解释，computers做存在性解释，是因为(48a)表达的应该是"所有的现代飞机都由某些计算机为其设定航线"这样的语义。然而，我们是否因为为现代飞机设定航线的只是某些特定的计算机就可以把这些计算机不看做是类指的了呢？也许并不尽然，至少我们完全可以把类似"为现代飞机设定航线的计算机"的这类复杂光杆名词短语看做是类指的，只不过它的所指只是整个计算机种类中的一个次类罢了。(更多相关讨论请参看3.6小节)

另外，还需指出的是，上述对光杆名词短语的解释，无疑还忽视了其他一些相关因素。如在下面的(50b)中，光杆名词是做个指解释，还是做类指性解释？(参见3.6小节)

(50) a. 张三在看书，但我不知道他看的是什么书。

　　b. 张三在看[$_F$ 书]，不是在读报。

总之，Chierchia认为其所谓"新种类指称说"能够用最经济的理论来解释光杆名词在非事态句和事态句中的不同用法。不仅如此，把光杆名词的所指看做是种类，还能解释令"歧义说"感到棘手的一些问题。众所周知，在辖域方面，光杆名词和其他无定名词通常会表现出明显的对立：当无定名词短语和其他算子在句中同现时，经常会产生辖域歧义；而光杆名词却始终取窄域。Chierchia称之为光杆名词的无辖域性(scopelessness)。

(51) a. 我没看见墙上有污点。(= 墙上没污点，当然我也没看见)

　　b. 我没看见墙上有一个污点。(=51a；墙上有一个污点，但我没看见)

(52) a. 张三老是欺负人。(受张三欺负者不是固定的，因此也是虚指的)

　　b. 张三老是欺负一个人。(=52a；受张三欺负者是固定的一个人)

第三章 光杆名词短语的语义解释

(53) a. 张三想娶新疆姑娘做老婆。(张三还没有意中人)

b. 张三想娶一位新疆姑娘做老婆。(＝53a；张三已有意中人)

(54) a. 张三在找警察,李四也在找他们。("警察"没有具体的所指)

b. 张三在找两个学生,李四也在找他们。("两个学生"有具体的所指)

正如我们在各句后括号中的注释所示,在(51)、(52)例中,相对于否定算子"没"、量化副词"老是",无定名词短语既可以取宽域,也可以取窄域,但光杆名词却始终取窄域。在(53)、(54)所代表的不透明(opaque)语境中,无定名词短语既可以涉实,也可以涉名,但光杆名词只能做涉名解释。显然,光杆名词同无定名词诸如此类的对立表现,无疑会令歧义说感到尴尬:歧义说认为光杆名词在指称种类和用做无定名词之间有歧义。既然在以上各例中光杆名词不可能表示种类,那么无疑都用做无定名词,但为何其表现又和真正的无定名词短语大相径庭呢?

照 Chierchia 看来,"歧义说"所面临的这些难题都可以在"新种类指称说"中很轻松地得到解决。光杆名词的语义就是指称种类,之所以会在某些语境中得出个指性解释,那只是由于应用于个体的谓词同表示种类的光杆名词出现类错位,导致 DKP 的介入,从而引入存在封闭所致。但由于 DKP 这种类转换机制的运作只是局部的(local),所以做个指解释的光杆名词只能取窄域,不会同句中的其他算子产生辖域歧义。相反,对无定名词短语而言,由于它们自身的语义中就已含有一个存在算子,和其他算子同现时产生辖域歧义也就在所难免了。

除了经验事实方面的难题,Chierchia 认为"歧义说"还存在着概念上的缺陷。自然语言为何选择使用了同一种形式手段(即光杆形式)来表示种类和无定这样不同的语义内容?英语如此,汉语亦如此,很多不相干的自然语言都如此,这又是为何?光杆名词在表示种类和弱无定间有歧义,为何不在种类和强无定间有歧义?这难免也太过偶然了。

3.5.2 Krifka 的"性质说"

有别于"种类指称说"和"歧义说",Krifka(2004)认为,无论是把光杆名词的语义看做是种类,还是认为光杆名词在指称种类和做弱无定解释间有歧义,都存在一些难以解释的问题。下面简要对 Krifka 的观点进行讨论。

首先,Krifka 指出,Carlson(1977)认为光杆名词指称种类的证据之一,在于光杆名词在句子中的解释取决于谓词,而不在于光杆名词自身。在恒常性语境中(如"土豆中含有维生素 C"),光杆名词指称种类;在瞬时性语境中(如"有土豆从袋子里滚了出来"),光杆名词做个指解释。然而,无定名词短语在不同的语境中也可以得出类指性(55a)、个指性(55b)解释,但为何却不据此认为无定名词短语也表示种类呢?

(55) a. 一个土豆含有丰富的营养成分。
　　　b. 有一个土豆从袋子里滚了出来。

其次,Carlson(1977)认为光杆名词不具有歧义,统一指称种类的又一个证据在于,无论是指称种类的光杆名词,还是指称实体的光杆名词,它们都允许照应:

(56) a. 张三买土豆$_i$是因为它们$_i$含有维生素 C。
　　　b. 听说西瓜$_i$中含有铁,所以张三昨天一下子买了五斤 e_i。

相同的问题是,在下面的例 57 中,不只是光杆名词,无定名词(无论是表示种类,还是指称实体)同样也会允许照应,但并不会据此把无定名词的语义统一看做是指称种类。

(57) a. 张三一下子买了五斤土豆$_i$是因为它们$_i$含有丰富的维生素 C。
　　　b. 听说西瓜$_i$中含有丰富的铁成分,所以张三一下子买了五个 e_i。

第三,Carlson 认为光杆名词不同于无定名词短语的一个最有说服力的证据是,光杆名词只能取窄域,而无定名词短语则既可以取宽域,也可以取窄域:

(58) a. 一条狗在这儿,一条狗不在这儿。
　　　 i. $\exists_x[狗(x) \wedge 在这儿(x)] \wedge \exists_x[狗(x) \wedge \neg 在这儿(x)]$
　　　 ii. $\exists_x[狗(x) \wedge 在这儿(x)] \wedge \neg\exists_x[狗(x) \wedge 在这儿(x)]$(矛盾)[①]
　　 b. 狗在这儿,狗不在这儿。
　　　 $\exists_x[R(x,狗) \wedge 在这儿(x)] \wedge \neg\exists_x[R(x,狗) \wedge 在这儿(x)]$(矛盾)

相对于(58a),(58b)只能得出矛盾解释,原因就在于光杆名词只能做窄域解释,而无定名词短语则既可以取窄域,也可以取宽域(相对于否定算子)。

然而,光杆名词短语相对于其他无定名词短语的无辖域性,并不能足以说明光杆名词短语就指称种类。在 Chierchia 的框架中,我们就曾涉及到,为得到类指解释,本处在 VP 内的光杆名词短语有时也会在逻辑式中进行爬升。这是否意味着光杆名词短语的辖域发生了变化呢?显然,如果光杆名词短语的辖域变化果真也会影响其语义解释的话,那么无辖域性就不能作为光杆名词不同于其他无定名词短语,继而指称种类的证据。Krifka(2004)指出,其实 Carlson(1989)早就发现了自己的理论不能解释下面(59a)中光杆名词的语义所指:

(59) a. Hurricanes arise in this part of the Pacific.
　　 b. i. For hurricanes in general it holds: They arise in this part of the Pacific.
　　　 ii. For this part of the Pacific it holds: There are hurricanes that arise there.

很明显,在(59a)两种不同的解释中,光杆名词做不同的语义解释:在(59b—i)中,hurricanes 倾向于表示种类,做类指性解释;在(59b—ii)中,则倾向于做虚指解释,并不表示类指。按照 Carlson(1977)的理论,即光杆名词指称种类,(59a)只能解释为(59b—i);而要得出

[①] (58a)的两种解释源于存在算子和否定算子的辖域关系。当存在算子的辖域大于否定算子(58a—i),该句语义正常;当否定算子的辖域大于存在算子,该句语义上自相矛盾。

(59b—ii)这种解释,只能把光杆名词的语义视做弱无定名词短语。Krifka 认为,类似(59a)的两种不同解释,可以利用句子重音的位置来分别得出:当重音在 this part of the Pacific 上,倾向于解释为(59b—i);当重音在 hurricanes 上,倾向于解释为(59b—ii)。

　　Krifka 还指出,如果把重音因素考虑进去,不仅是(59a)中光杆名词短语的两种解释会令 Carlson 的种类指称说感到棘手,下面(60)中光杆名词和无定名词短语的类似表现更会令其感到尴尬。

(60) a. Frenchmen wear berets.
　　　b. A Frenchman wears a beret.
　　　c. i. For Frenchmen in general it holds: They wear berets.
　　　　 ii. For berets in general it holds: They are worn by Frenchmen.

　　(60a,b)都对应着(60c)两种不同的语义解释,这种不同来自不同的句子重音:当句子重音落在主语位置的 Frenchmen 和 a Frenchman 上时,(60a,b)都解释为(60c—ii);当句子重音落在宾语位置的 berets 和 a beret 上时,(60a,b)都解释为(60c—i)。

　　然而,我们认为,Krifka 这里所言及的句子重音对光杆名词语义解释的影响,并不能完全否定孤立句子中光杆名词的映射规律,即主语位置的光杆名词被映射到限制语,倾向于得到类指解释;VP 内的光杆名词可以受存在封闭约束,得到非类指解释。因为对英语语篇中的句子而言,在没有特别的对比重音出现,或者句子并未受到上下文语篇中其他句子影响的情况下,句子的自然重音应该是在 VP 或 VP 内的某个成分之上,是句子所要表达的信息焦点所在。如果我们认可一个句子的主语、谓语部分大体上分别对应于语用层面的话题、评述部分,或者是分别对应于句子信息结构中的旧信息和新信息,那么我们就不难接受处在主语位置的光杆名词短语理应倾向于做类指性解释,因为种类概念较之个体更会先入为主地存在于人类的认知体系之中,是无标记的指称解释,不会充当句子所要表达的信息内容(当然作为对比焦点的类指成分除外)。

　　也许,光杆名词在句中语义解释同焦点重音、句子的信息结构,乃至语篇上下文的关系在汉语中有着更为明显的体现。试比较光杆名词在下面不同句子中的语义所指：

(61) a. 飓风经常出现在太平洋的这个区域。(倾向于类指)
   b. 太平洋的这个区域经常出现飓风。(倾向于个指)
   c. 太平洋的这个区域经常出现的是飓风，不是龙卷风。
      (倾向于类指)
   d. 是飓风经常出现在太平洋的这个区域。(倾向于类指)

可见，Chierchia 关于光杆名词短语指称意义的解释应该视为是针对孤立句子中的无标记情况而言。更多相关讨论，请参看后面的 3.6 小节。

另外，Krifka 还指出，在芬兰语中，表示事物集合的光杆名词在恒常性语境中用主格，在瞬时性语境中时用部分格(partitive case)，这似乎也表明光杆名词的语义所指是歧义的。日语中也有类似的现象，恒常性语境中的光杆名词主语常跟格助词は，而瞬时性语境中的光杆名词则跟格助词が。还有一些语言，如意大利语，光杆名词不能出现在表示种类的论元位置，但可以出现在特征概括类指句和瞬时性语境中的论元位置。凡此种种，似乎表明光杆名词并非在语义上都统一表示种类，而是在表示种类和弱无定间存有歧义。

总之，有相当多的语言事实表明，一方面，光杆名词有时确实不能简单看做是弱无定名词，否则的话，它们也同样应该会允许宽域解释，不能用做指称种类的照应语的先行语；另一方面，也有证据表明，并非是所有的光杆名词都表示种类，它们有时会同表示种类的名词短语具有很大的不同，而同无定名词短语具有很多相似之处。那么，现在的问题是，光杆名词究竟是表示种类，还是在种类和无定解释间有歧义？Krifka 的结论是，光杆名词在本质上既非指称种类，也非无定名词，而是表示性质。之所以在不同的语境中光杆名词可以得出种类、无定解释，那是被强制进行类转换的结果，但这种自由的类转换是有条件的，如在有些语言中会受到显形限定词的阻断。

如上所述，Chierchia(1998) 和 Krifka(2004) 的共同之处在于，均不再把光杆名词看做是歧义的；至于光杆名词的类指性、个指性解释，那只是应用 DKP 或进行类转换的结果。抛开具体技术细节不谈，我们认为他们关于光杆名词语义的理论是相通的。自然种类和性质本就存在着对应关系:同属某一自然种类的事物肯定具有某种恒定的性质,而某种性质又必然体现为一个自然的种类(参看 3.5.1)。我们在此不准备对光杆名词究竟是指称种类、还是表示性质的问题进行深究,也不打算以严谨的形式手段对含光杆名词的句子的语义组合性(compositionality)进行演算,要做的只是厘清汉语光杆名词的实际用法,并对其可能的用法进行统一的解释。

3.6 汉语光杆名词短语的语义解释

为了便于讨论,我们把前面举过的一些例子重新整合如下:①

(62) a. **土豆**$_g$中含有**维生素 C**$_e$。

b. **绅士**$_g$应该主动为**女士**$_g$让座。

c. **狗**$_k$很常见。

d. **土豆**$_k$最早在南美种植。

e. **老虎**$_g$喜欢吃**鸡**$_g$。

(63) a. **猴子**$_g$住**树**$_e$上。

b. **计算机**$_g$为**现代飞机**$_g$设定航线。

(64) a. 张三看见了**苹果**$_e$。

b. 院子里**猫**$_e$在追**耗子**$_e$。

c. 有**狗**$_e$在吠。

d. 有**土豆**$_e$从袋子里滚了出来。

e. 那棵树上住着**猴子**$_e$。

f. 有**猴子**$_e$住那棵树上。

g. 公园里正表演着**老虎**$_e$抓**鸡**$_e$。

h. 张三在看**书**$_e$(但我不知道他看的是什么书)。

(65) a. **猴子**$_d$住在那棵树上。

---

① 为醒目起见,我们把所讨论的光杆名词以黑体标出,同时根据其不同的解释分别注以不同的下标:k 代表指称种类,g 代表特征概括性的类指解释,e 代表虚指(即存在性)解释,d 代表定指解释。

b. **猫**$_d$在追**耗子**$_e$。

c. **狗**$_d$在吠。

d. **猫**$_d$和**老鼠**$_d$①

(66) a. 张三在看[$_F$**书**$_k$](不是在读报)。

b. 太平洋的这个区域出现的是[$_F$**飓风**$_k$](不是龙卷风)。

正如以上诸例所示,汉语光杆名词短语可以有类指、虚指、定指等不同的解释。现在的问题是,应如何对光杆名词的这些不同的用法做出解释和预测?

我们认为,光杆名词的语义解释首先取决于所出现的语境是恒常性的,还是瞬时性的。在不考虑其他因素的情况下(如对比重音),只有恒常性语境中的光杆名词才具有得出类指解释的可能。对种类指称类指句来讲,光杆名词指称种类是因为种类谓词直接应用于光杆名词的结果。至于特征概括类指句,那是因为恒常性谓词的体能够介引出一个类指算子。作为算子,它对变项的约束呈"算子[限制语][核域]"这样一种三分结构,分别对应于句子的主语部分和谓语部分。同时,算子约束变项所呈现的这种三分结构,从语用层面来看,限制语对应于话题,核域对应于评述;从信息结构来看,限制语多为旧信息内容,核域多为新信息内容。因此,对出现在恒常性语境中的光杆名词而言,出现在主语或话题位置会较之 VP 内位置更倾向于得出类指解释。即便是在恒常性语境中,由于光杆名词可以不受类指算子的约束,而接受存在封闭的约束,因此也可以得出虚指解释,如(62a)中的"维生素 C"、(63a)中的"树"。

但话又说回来,我们说 VP 内的光杆名词短语可以做虚指解释,或者说句法位置影响光杆名词短语的语义解释,这只是问题的一方面。毕竟对出现在非事态句 VP 内的很多光杆名词而言,它们却会更多地得到类指解释,如例(62b)中的"女士"、(62e)中的"鸡"、(63b)中的"计算机"。那么我们自然会问,除了非事态句自身的性质、光杆名词短语所处的句法位置等因素之外,又是什么决定了 VP 内的光杆名

---

① 此例来自一流行卡通片名,两个光杆名词分别指的是一只叫 Tom 的猫和一只叫 Jerry 的老鼠。

词究竟是做类指解释,还是虚指解释?对此,我们尚找不到十分令人信服的证据,在此只能做一些尝试性的初步解释。我们认为,VP内光杆名词短语的语义解释同谓词的语义内容密切相关。如果 VP 内光杆名词在语义上已被谓词合并(incorporated),成为谓词的一部分,从而使谓词具有了更为丰富的语义内涵并成为原来光杆谓词(指不带任何论元时)的下位概念,那么该光杆名词就会倾向于做虚指解释①。反之,如果 VP 内光杆名词短语的语义并未被谓词吸收,谓词表达的只是光杆名词主语论元和 VP 内光杆名词论元之间的关系的话(即两个光杆名词平行位于谓词的两端,它们的联系靠谓词所表示的关系来维持),那么 VP 内的光杆名词会倾向于做类指解释。总之,非事态句中光杆名词的语义解释,一方面与句子的句法结构、信息结构有关,一方面还同谓词所表述的性质密切相关。

　　其次,主、宾语位置光杆名词短语的语义解释同句子的话题、评述或旧信息、新信息结构之间的联系,可以在瞬时性语境中看得更清楚一些。在(64)中的一组例句中,由于出现在瞬时性语境中 VP 内的光杆名词属句子要表达的新信息内容,不是话题,因此都倾向于做虚指解释。相反,对所含光杆名词同是处于瞬时性语境中的(65)中的一组例句来说,(65a,b,c)中的光杆名词"猴子、猫、狗"既是句子的主语,同时也是话题②,因此它们的语义解释并不同于(64)中处于 VP 内的光杆名词,不受存在封闭约束,是定指的。也许,允许光杆名词做定指解释是汉语这类没有冠词的语言特有的现象。之所以瞬时性语境句中的光杆名词可以得出定指解释,这和它们充当了句子的话题有关。由于瞬时性语境句的体并不能介引出类指算子,无法对光杆名词进行约束,而作为话题又必须是语篇中业已存在,并为说、听双方所共知的某个个体,因此这类光杆名词只能是定指的。实际上,汉语光杆名词的定指解释同话题地位的关联是非常普遍的。作为话题的光杆名词,要么在恒常性语境中做类指解释,要么在瞬时性语境中做定指解释,

---

① 既然光杆名词的语义已被融入谓词之中,说得更大胆一点,这里的光杆名词也许更应该是做无指解释。参见 2.2 小节。

② 徐烈炯、刘丹青(1998:59)将"小张不来了"这类句子看做是句法歧义句(syntactically ambiguous sentence),其中的"小张"既是主语又是话题。

第三章 光杆名词短语的语义解释

这样的例子比比皆是。这显然是由话题的性质所决定。在一部卡通片的片名中可以用光杆名词指称两个特定的个体(65d)，而相应的英文标题却用了两个专有名词(Tom and Jerry)，这似乎也表明了汉语的确是一种话题突出型的语言。①

另外，对比(64)、(65)两组例句可以发现，虽同样是出现在瞬时性语境中，(64)中的光杆名词做虚指解释，而(65)中的光杆名词只能做定指解释。这是为何？前面曾提到，充当话题的成分并非一定是担当句子主语的光杆名词，担当宾语的光杆名词也可以爬升至话题位置，那么为何(64)中的光杆名词不可以如此爬升呢？一种可能的解释是，可以假定(64)和(65)的不同在于前者不存在话题，后者中出现话题，是话题的有否导致了光杆名词语义解释上的差异。然而，我们认为这种假设既没有其他证据支持，另一方面也有循环论证之嫌。试想，是因为光杆名词在瞬时性语境中语义解释上的不同而假设不同的句子具有不同的信息结构(有的有话题，有的没话题)，还是因为句子自身不同的信息结构而导致光杆名词的不同解释？如果是后者，我们又有何证据证明瞬时性谓词句具有不同的信息结构呢？显然，假定有的句子有话题，有的句子没有话题的假设是行不通的。

以上讨论涉及了谓词性质、句法位置等因素对汉语光杆名词语义的影响，现简要概括如下：

句法位置 谓词性质	光杆名词主语	光杆名词宾语
恒常性谓词	类指	非类指
瞬时性谓词	有定	无定

需要强调的是，表中反映的只是光杆名词在常规情况下的语义倾向。如前所言，语用因素同样也会对光杆名词的解释带来影响。那

---

① 这里的讨论未涉及类似下面的句子中光杆名词并非出现在主语位置，但仍然做定指解释的情况：
  i. 我昨天去动物园了。
既然这里做定指解释的光杆名词同前面语篇中已经出现的某个个体相关，满足了熟悉性条件，应该说可以提升为句子的话题，因为话题毕竟与语篇中的旧信息直接相关联。这有待于进一步的论证。

么,主宾语不同的句法位置究竟何以能对光杆名词的语义造成影响? 语用又是如何发挥了作用? 能否对此做出统一的解释呢?

在把量化算子对变项的约束分析为一个由算子、限制语、核域构成的三分结构时,Diesing(1992:5)指出,无论是在句法、语义、语用的任何一个层面,把一个句子分成两部分都有着很久的传统。无论是把量化算子对变项的约束分为限制语和核域,还是把一个句子分为主语、谓语,主位、述位(theme/rheme),话题、评述(topic/comment),所有这些做法的基本精神都是一致的。也许,对自然语言中的句子而言,结构上的二分是普遍的,是人类语言共同遵守的一个法则。

另外,虽然不同语言的具体形态各异,但它们却无一例外地都是在借用有限的形式手段来表达无限丰富的信息内容。也就是说,语言间的区别只在形式手段上,尽管这些形式手段涉及了音系、句法、语义、语用等的方方面面,但就句子是用来传达信息的这一基本功能来看,它们都是相同的。基于此,我们尝试从句子的信息结构上来对上述现象进行解释。

根据 Jäger 的"语篇连接原则"[①](1999:88),我们尝试性地提出如下"广义话题普遍性"假设:

广义话题普遍性假设:
从句子的信息结构来看,任何句子都含有一个(广义)话题成分。相对于句子所要传达的新信息内容,话题承载的是旧信息,是使句子和语篇连贯的手段。

应该讲,这里所说的话题并不完全等同于一般文献中的话题概念。粗略地讲,除了出现在句首位置外,我们的话题还可以是出现在句中其他位置的名词性成分[②]。照我们看来,成为话题的唯一条件,就是看其是否承担了连接句子和语篇的作用,是否不属于句子所传递的新信息内容。清楚起见,不妨可以不太严格地称之为"广义话题"。同

---

① 语篇连接原则(discourse linking principle)的基本内容是:所有的原子小句都含有一个话题。详见 Jäger(1999:88)。

② 这里我们初步把话题限制在名词性成分上。实际上,句子的任何成分,只要它承担了使句子和语篇连接起来的作用,都可以视为话题。我们认为,(57)各例中的"张三、院子里、有、那棵树、公园里"等都是广义的话题。

时,作为旧信息的承载者,广义话题成分在句子中不会带有重音标记,不重读是一个成分成为话题的必要条件(但不是充分条件)。当然,带有重音的对比话题成分理应除外。下面我们就根据"话题普遍性假设"对上述有关影响光杆名词语义的因素进行解释。

在恒常性语境中,充当话题的名词性成分既可以出现在主语位置,也可以出现在非主语位置。当然,只要有一个名词性成分充当了话题就可以了。因此,在含有多个名词性成分的句子中,只要有其中一个充当话题就可以了,至于其他名词性成分,如果是光杆名词,则可以得出虚指(甚至无指)解释,如(62a)中的"维生素 C"、(63a)中的"树"。当然,这也并不排斥多个名词性成分都充当话题的可能,如(62b, f)中的"女士"、"鸡"和(63b)中的"计算机"和"现代飞机"。

那么,在瞬时性语境中,情况又如何呢?Kratzer(1989)曾指出,恒常性谓词和瞬时性谓词的区别之一是后者能够引发一个事态论元,但前者不能。之所以认为瞬时性语境句较之恒常性语境句多了一个事态论元,从直觉上来讲,恒常性谓词表达的是某种相对恒定的性质,在某种程度上是不受限于时、空的;而对瞬时性谓词而言,既然其语义上表达的是某种阶段性的、临时性的状态或特征,因此是受限于特定的时、空坐标的。这种时空坐标,就是所谓的事态论元(或情景变项)。换言之,恒常性谓词句和瞬时性谓词句的这种区别,也可以理解为前者对语篇(抑或语境)的依赖性要大大弱于后者对语篇的依赖性。正因如此,我们可以假定在瞬时性谓词句中,话题又多了一个可选择的对象,即事态论元也可以充当话题[①]。这样一来,既然话题位置已由事态论元来满足,那么其他名词性成分就完全可以安然留在 VP 内受存在封闭的约束了。英语中的情况确实如此,如在下面瞬时性语境中的光杆复数名词确实可以做存在性解释:

(67) a. Dogs are barking.
    b. Monkeys live in that tree.

[①] 在语篇中,前一个句子描述的情景往往成为后一个句子的语境,用句术语讲,这叫语境变化函数(context change function)。因此事态论元做话题也是符合我们的语言直觉的。

但不同于英语的是,相对于(67a,b)的汉语句子(65c,a)中的光杆名词却只能做定指解释。当然,这时句子的话题就自然又成了作定指解释的光杆名词了。若想得到类似英文例(67)中光杆名词的存在性解释,必须在做存在性解释的光杆名词前有其他成分出现,如(62a—h)。这说明了什么?这说明在英文中充当瞬时性谓词句话题的,可以是句子本身所隐含的事态论元,可以是隐性的。但在汉语中,一个句子的话题必须出现,而且必须是显性形式的。我们认为,这样的解释,不仅支持了有关汉语是话题突出型语言的类似说法,同时也为所谓汉语主语的有定性限制提供了答案。

应该说,汉语句子话题的突出性和对语篇的依赖性是有着密切关联的。对不含合适的话题成分的句子而言,它对语篇(或语境)的依赖性必然增强,句子的合格性取决于语篇(或语境)条件的满足。下面的例子来自石定栩先生的一次学术讲座,似乎很能说明此问题。

(68) a. 电影$_i$,[看过 t_i 的]人请举手。
     b. 那部电影$_i$,[看过 t_i 的]人请举手。
     c. *一部电影$_i$,[看过$_i$的]人请举手。

(69) 饭$_i$,[吃过 t_i 的]人请举手。

(68)各句的合法性对立表明,对从关系子句的宾语位置移出至话题位置的名词短语来讲,是要遵照一定的条件限制的,即该名词短语要么是类指的(68a),要么是定指的(68b),而不能是不定指的(68c)。再看(69):如果把句中的"饭"看做是类指的,句子会有点不自然。但在合适的语境条件下,如果能把"饭"看做是定指的(即特指某餐饭),则又会成为很自然的句子。如公司老板在中午1点召集几个中层干部开会,开会前老板说要会后请大家吃饭,但考虑到有些人很可能已经吃过饭了,因此他完全可以用(69)来统计决定是否还请大家吃饭。显然,这里的"饭"虽非类指,但一定是定指的。

最后,我们还想指出的是,正如(66a,b)所示,虽然光杆名词"书"、"飓风"出现在瞬时性语境中的宾语位置,但在带有对比重音(或对比焦点)的情况下,可以做种类解释。我们推测,这也许还和话题有关系,可以进行统一的解释:成为句子对比焦点的光杆名词,同不占句子重音的光杆名词一样,它们都是句子的话题。

3.7 小　　结

我们在本章描写并尝试解释了汉语光杆名词短语的各种不同的语义解释,结论如下:

汉语光杆名词(短语)的基本语义可以看做是指称种类或表示性质。鉴于种类和性质间可以相互转化,光杆名词既可以出现在论元位置,也可以在谓词位置;作为论元,既可以表示类指,也可以指称个体。

语义上做类指解释的光杆名词可以出现在三种类指句中,分别是种类指称类指句、特征概括类指句和代表性种类指称类指句。在种类指称类指句中,谓词直接应用于指称种类的光杆名词论元之上,但条件是谓词只能是种类谓词。在特征概括类指句中,谓词作用于光杆名词所指种类中的个体变项,至于句中的光杆名词之所以做类指性解释,那是类指算子的出现使然。作为一种特殊的类指句,代表性种类指称类指句中光杆名词的类指解释需借助特殊的句法手段或语境条件。

确定句中光杆名词最终的语义解释需考虑两个方面的因素,一是谓词的性质,一是光杆名词所处的句法位置。对恒常性谓词而言,光杆名词主语倾向于做类指性解释,宾语则又根据谓词的性质分为类指和虚指(或无指)两种情况;对瞬时性谓词来讲,光杆名词主语倾向于是定指的,宾语可以是不定指的。除句法位置外,句子的焦点重音等因素(包括自然焦点和对比焦点)也会影响光杆名词的语义解释。所有这些对光杆名词短语论元语义的影响都可以用"广义话题普遍性假设"来统一解释。

正如 Cheng & Sybesma (1999) 所指出的那样,汉语光杆名词之所以可以有各种不同的语义解释,肯定与汉语没有冠词有关。正是由于汉语中缺少冠词,没有什么可以阻止 ι 算子和 ∩ 算子的使用,前者使光杆名词得出定指解释[①],后者使光杆名词产生类指解释。对此我们

[①] Cheng & Sybesma (1999)是把做定指解释的光杆名词看做是应用了 ι 算子的结果。关于该算子及其应用请参看原文。

还想补充的是，相对于其他含有冠词的语言，正是由于汉语中缺少了冠词，光杆名词的语义解释在更大程度上要取决于其所处的句法位置（即语序）和所在句子与语篇（或语境）的关联，句法位置和句子与语篇的联系分担了本由冠词或其他形态手段所履行的职能。

第四章 无定名词短语的语义解释[①]

4.1 引　　言

前面一章在讨论光杆名词的语义特征时,曾讨论过恒常性、瞬时性两类谓词的影响。在恒常性谓词出现的语境中,光杆名词倾向于做类指解释;在瞬时性语境中,光杆名词做个指解释。Kratzer(1995)也曾将恒常性谓词称做静态谓词(stative predicate),把瞬时性谓词称做短暂性谓词(episodic predicate);如果把前者的语义看做是一种相对恒定的性质,那么后者则表示某种短暂的状态。同时,Kratzer 认为静态谓词不蕴涵情景论元,但短暂性谓词蕴涵一个情景论元。

尽管 Davidson(1966)、Parsons(1990)等事态语义理论认为,自然语言的语句中都包含了一个事态论元,但根据事态性质的不同,可以把自然语言中的句子分为两类,一类是一般性事态句(generic eventuality),一类是特定事态句(particular eventuality)(Parsons 1990:23)。前者语义上表达的既可以是一种概括性、规律性的客观事态,也可以是人们的某种主观信仰和认识。后者则是描写世界中某种特定的、具体的事态,可以是某种特定的状态、过程(活动)、事态(结果、完成)。语义上,两种事态的区别还可以理解为:一般性事态一般不受限于某个具体的时间、空间,而特定事态则受限于某个具体的时间、空间。因此,如果把事态仅限制在受时、空坐标限制的特定事态,那么我们可以把一般性事态句称做非事态句,把特定事态句称做事态句。

这样一来,事态句和非事态句、瞬时性谓词和恒常性谓词之间就

[①] 除非特别注明,本章及之后所说的无定名词短语不包括光杆名词。

有了某种关联:非事态句中所含的谓词一定是恒常性谓词,事态句中的谓词则倾向于是瞬时性谓词。正如恒常性语境和瞬时性语境能决定光杆名词的语义解释那样,事态句和非事态句的不同性质也决定了其他无定名词短语的语义解释:在非事态句中,无定名词短语做类指性解释,可以自由出现在句子的主语位置;在事态句中,无定名词短语做个指性解释;同时,鉴于存在封闭只能应用于 VP,汉语主语位置存在着实指限制,虚指的无定名词短语只能出现在 VP 内。

另外,从无定名词短语自身的词汇语义来看,指称性和量化性是其固有的两种属性(类似观点参见 Fodor & Sag 1982)。在句子层面上,无定名词短语的这种词汇歧义就表现为:在非事态句中,句中不出现和某种真实发生的情景相关的事态论元,无定名词短语表现出类指义和数量义共存的一面;在事态句中,事态论元出现,无定名词短语表现出个指义和数量义共存的一面。但需要强调指出的是,无论是哪种情况,指称义和数量义在句子语义解释时所彰显的程度是不同的,有时突显指称义,有时突显数量义。无定名词短语指称义和数量义的歧义性是由其自身的语义二重性决定的。

由此可见,无定名词短语语义解释的复杂性和不稳定性,一方面源于其自身语义的歧义性,另一方面还取决于所出现的语境。自身的歧义性只是为不同的语义解释和句法分布提供了可能,最终决定无定名词短语的分布和语义解释的还是其赖以存在的语境是事态性还是非事态性。基于此,我们对汉语无定名词短语语义的考察和解释,既要关注指称性和量化性这两种不同的语义属性,还要立足于事态句和非事态句区分这个平台。

4.2 无定名词短语指称义的强弱之分

本节讨论不同类型的无定名词短语在指称义方面的区别。为了讨论的方便,首先将涉及的几类无定名词短语罗列如下:

(1) a. 所有的学生、每(一)个学生
    b. 大部分学生、大多数学生
    c. 很多学生

d. 一个学生、两个学生、三个学生、几个学生

e. 一半以上的学生、不到一半的学生、三分之一的学生

假定以上所列的无定名词短语都是 DP,即具有"限定词(determiner)＋名词短语(NP)"结构。Milsark (1974)观察到,英文中不同类型的 DP 在能否用于 there 存现结构中的表现并不相同。仿此,我们考察以上汉语各类无定名词短语的情况。

句式 A:"有"＋限定词＋名词短语＋谓语

句式 B:限定词＋名词短语＋谓语

将(1)中所列的无定名词短语分别带入,得出:

(2) A 式:

a. ＊有所有的(/每一个)学生参加了昨天的晚会。

b. ？有大部分(/大多数)学生参加了昨天的晚会。

c. 有很多学生参加了昨天的晚会。

d. 有一个(/两个/三个/几个)学生参加了昨天的晚会。

e. 有一半以上(/不到一半/三分之一)的学生参加了昨天的晚会。

B 式:

f. 所有的(/每一个)学生都参加了昨天的晚会。

g. 大部分(/大多数)学生参加了昨天的晚会。

h. 很多学生参加了昨天的晚会。

i. ？一个(/两个/三个/几个)学生参加了昨天的晚会。①

j. 一半以上(/不到一半/三分之一)的学生参加了昨天的晚会。

基于英文中各类 DP 短语的表现,Milsark 把那些可以出现在 A

---

① 需要指出的是,对该句而言,如果句子重音(焦点)落在无定名词短语之上,句子是合格的,而此时无定名词短语做数量解释。也就是说,这类无定短语在突显其数量义时,可以自由用于 B 式,这时其指称义被压制。或者说,做指称义解读时句子的合格性会受影响。同理,句 j 中的"一半以上"等是典型的量化短语,明显突显数量义,因而不受限制。这里我们讨论的主要是句中无定名词短语的指称义。对句子合格性的判断,也主要是针对无定名词短语的指称义解释做出的。具体地讲,句 i 中的"一个学生"如果用于指称,句子的合格性会有问题。另外,当数量大于一时,这类句子的合格性还会有差异,下文会有相关讨论。

式中的称做弱限定词短语,相当于汉语(1c, d, e)中的各类;把那些仅能用于 B 式不能用于 A 式的称做强限定词短语,相当于汉语(1a, b)中的各类。Huang(1987)也曾指出,汉语中的强、弱限定词短语在存现句式中表现出不同的有定性效应:

(3) a. 有一个人(/很多人/三个人/不到五个人)在屋子里。
　　b. ＊有每个人(/所有的人/大多数的人)在屋子里。
(4) a. 来了一个人(/两个人/很多人/不到一半的人)。
　　b. ＊来了每个人(/所有的人/大多数的人)。

可见,和英语的情况类似,汉语各类无定名词短语的确在两种句式中表现出系统性的对立。为何如此？根源还在于强、弱限定词在语义上,具体讲是指称性方面的差别。Milsark 认为,强限定词短语先设所指客体的存在,而弱限定词短语却在先设客体的存在性方面并不典型。具体而言,对强限定词短语"所有的(/每一个/大多数/大部分)学生"等来讲,因为其自身就已经先设了所指客体的存在[①],因此就不可能再出现在明言存在的"有"后(A 式)或"来了……"等存现句式中(如例(3、4))。相反,对弱限定词短语"一个(/两个/三个/几个)学生"等而言,由于其并不先设客体存在,它们可以出现在存现句式中,由于"有"或存现句式的作用而具有了指称性。同理,由于其不先设所指客体的存在,在"有"不出现的情况下,做指称义解释时不能很好地出现在 B 式中(见例(2i)),这在文献中称做汉语主语的有定性效应,下文会有详细的讨论。

　　另外,不同于强限定词短语不能出现在句式 A 等存现结构中的是,弱限定词短语并非绝对不能用于句式 B 中,充其量只是一个适切程度问题。如前所言,由于它们不先设所指客体的存在,在指称性得不到突出的情况下不好用于主语位置。但由于它们同时又具有数量义,在数量义得到突出时,即出现在适合数量性解释的语境中,可以合

[①] 我们说"所有的(/每一个/大多数/大部分)学生"等先设其所指个体的存在,是指这些强限定词的恰当使用,必须以个特定个体集合的存在为前提。如对"大部分学生"而言,只有在满足"学生"性质的个体集合给定的情况下,才好判断具有某种性质的个体的集合是否为"学生"的集合的大多数。这会从广义量词理论对强、弱限定词的真值描写中看得更清楚。参见下文。

格地出现在句式 B 中。试对比:

(5) a. ？三个学生参加了昨天的晚会。
  b. [_F 三]个学生参加了昨天的晚会,其余的都没来。
  c. 只有三个学生参加了昨天的晚会。

实际上,换个角度来看,(1d, e)中所列的类似"一个学生"、"一半以上的学生"等各类无定名词短语在做数量解释时,其在句式 B 中的表现和强限定词短语没有什么太大的不同。在做数量义解释时,也可以说所含的数量限定词得到了强化,从这个意义上完全也可以称做强限定词短语。当然,话又说回来,我们所谓限定词短语的强弱之分,本是立足于指称义基础之上的。两类限定词短语在其他方面毕竟还存在系统的对立。如(1a, b)各类不可以用于句式 A,而(1d, e)各类却可以。这也似乎说明,各类限定词短语在表指称义和数量义方面还是不同的:"所有的、每一个、大多数"等更偏重指称义,尽管也蕴含了某些数量信息;而"一个、三个、一半以上"等更偏重数量,尽管也可以因出现在"有"后而具有指称义。

上述强、弱限定词短语在是否先设其所指客体存在性方面的区别,还可以从广义量词理论(Generalized Quantifier Theory)对它们真值条件的不同描写中得到说明。Barwise & Cooper (1981)把限定词的语义定义为二阶关系(second-order relation)。Keenan (1996)将不同限定词的语义分别定义为:

(6) a. $\forall A, B[一个(A, B)] = T$ iff $A \cap B \neq \emptyset$ ①
  b. $\forall A, B[三个(A, B)] = T$ iff $|A \cap B| \geqslant 3$
  c. $\forall A, B[几个(A, B)] = T$ iff $3 \leqslant |A \cap B| \leqslant n$ ②
  d. $\forall A, B[所有的(A, B)] = T$ iff $A \subseteq B$
  e. $\forall A, B[大部分(A, B)] = T$ iff $|A \cap B| > |A-B|$

从以上对限定词语义的形式化描写中可以清楚地看到,弱限定词

---

① 这里的 A 和 B 分别表示主语 NP 和谓词的所指集合。如对"有一个学生很聪明"这样的句子而言,A 代表学生的集合,B 代表聪明人的集合。以"有一个学生很聪明"为例,(6a)说的是该句为真的条件是当且仅当集合 A 与 B 的交集不为空集。下同。

② 根据 Hallman(2004),"一个"、"两个"算不上"几个"(several),但"几个"的上界(upper bound)却非常模糊。这里的 n 代表的是某个由语境决定的相对比较小的自然数。

表示的是两个集合间的交集关系,而强限定词表示的却是集合间的隶属关系。当然,对讨论的各类无定名词短语而言,强、弱区别只是一种程度上的不同罢了。换句话说,强、弱两类限定词的切分并非是简单的二分,而应是更多地表现为一种程度序列:

所有的(/每一个/大部分/大多数/一半以上//三分之一)＞很多＞ 一个(两个/三个)

越是处于该序列两级位置的限定词,对比越是明显。而处在中间位置的限定词,这种强弱对立并不明显。下面我们来讨论"很多"在这方面的表现。

Westerståhl(1985)曾给英文中的 many 下过定义,仿此我们可以将"很多"定义为:

(7) $\forall A, B [很多(A, B)] = T \text{ iff } |A \cap B| > k|A|$,其中 k 为语境决定的数目。

将(7)翻译成自然语言就是,"很多 A 是 B"当且仅当具有性质 B 的 A 的成员在数目上大于某个由语境决定的 A 的某个比例。① 这也就是说,"很多"的语义在很大程度上受语境的影响。Hallman(2004)曾举过一个很好的例子,这里我们仿拟一个汉语的例子:

(8) a. ——张三:西方人不太喜欢喝烈性酒,喜欢喝的多数是俄罗斯人。
——李四:张三说很多俄罗斯人喜欢喝烈性酒。
b. ——张三:肖斯塔克伟奇第八交响乐的演奏总是能吸引很多俄罗斯观众,实际上,观看今天演出的大多数观众都是俄罗斯人。
——李四:张三说很多俄罗斯人观看了今天的演出。

先看(8a)。从语感上判断,李四的话是不合适的。因为张三只是说喜欢喝烈性酒的西方人中大多数是俄罗斯人,这并不等于说在所有俄罗斯人中,有很多人喜欢喝烈性酒。但有趣的是,相同的结构在

---

① 原文是:That "Many As are Bs is true" iff the As that are Bs are larger in number than some contextually determined proportion of the As.

(8b)中却是合适的:虽然张三真正要表达的意思是观看今天演出的观众中的大多数是俄罗斯人,但李四却可以将其复述为"很多俄罗斯人观看了今天的演出"。为何会有如此的不同?

Hallman(2004)的解释是:"很多"在"很多俄罗斯人喜欢喝烈性酒"中只能用做强限定词,造成"很多俄罗斯人"是先设性的;相反,在"很多俄罗斯人观看了今天的演出"中,"很多"可以解释为弱限定词,即"很多俄罗斯人"并不是先设性的。说得再清楚一些,当"很多"用做强限定词时,"很多俄罗斯人喜欢喝烈性酒"表达的是"对很多的 x 而言,如果 x 是俄罗斯人,那么 x 喜欢喝烈性酒";相反,当"很多"解释为弱限定词时,"很多俄罗斯人观看了今天的演出"表达的是"俄罗斯人"的集合和"观看今天演出的观众"的集合所形成的交集的成员数量为"很多"。也正因如此,"很多俄罗斯人观看了今天的演出"和"观看今天演出的很多观众是俄罗斯人"的真值是近似相同的。那么又是什么决定了"很多"在(8a)中只能做强限定词,而在(8b)中却可以用做弱限定词呢?根源还在于"很多"所处的语境不同:"很多"只能做强限定词,是因为后面的谓语是恒常性的("喜欢喝烈性酒");"很多"之所以可以解释做弱限定词,是因为后面的述谓是瞬时性的("观看了今天的演出")。简言之,瞬时性语境支持"很多"的逆向解读(reverse reading),而恒常性语境则不然。

4.3 无定名词短语的句法—语义映射

在4.2小节,我们讨论了带强、弱两类不同限定词的无定名词短语在语义上的差异。讨论发现,正是由于不同无定名词短语在语义指称上的强弱差异才导致了它们在某些句式中的不同分布。接下来,我们将考察无定名词短语的这种强弱不同的语义差异是如何在句子层面的逻辑表达式中表现出来,以求在无定名词短语的语义差异和句法分布之间建立起某种关联,从原则上对无定名词短语的语义和句法进行解释。

接下来我们将首先在4.3.1小节介绍 Kamp-Heim 理论(Kamp 1981; Heim 1982)和 Diesing(1992)的映射假说,然后再对 Tsai

(2001;2003;2004)的扩充映射理论进行评介(4.3.2;4.3.3)。在指出以上研究所存在的问题的基础上,给出我们的解释(4.4)。

4.3.1 从 Kamp-Heim 理论到映射假说

话语表达理论(Discourse Representation Theory:DRT)和文档变化语义学(File Change Semantics:FCS)分别是 Kamp(1981)和 Heim(1982)各自提出但又不谋而合的两种语义理论。正因如此,有人(如 Kadmon 2001:25)干脆直接把二者统称为 Kamp-Heim 理论。用 Kadmon 的话来讲(2001:27—28),Kamp-Heim 理论的主要目标就是对无定、有定名词短语的语义进行解释。具体来讲,有定名词短语的语义为个体常项,是语篇中业已存在的个体;而无定名词短语的语义贡献则是为句子、语篇引入一个新的客体,应看做是变项。同时,作为变项,无定名词短语必须受到算子的约束。算子对无定名词短语的约束可以分为三种情况:一是对含有强限定词的无定名词短语来讲,无定名词短语所引介的变项直接受所含限定词的约束(例(9));二是含弱限定词的无定名词短语受句中显性或隐性量化算子的约束(分别如例(10)、(11));三是在没有其他算子可利用的情况下,无定名词短语受自动作用于句子或语篇的存在封闭的约束(例(12))。

(9) a. 大部分人都会犯错误。
　　b. 大部分$_x$[[x 是人] → [x 会犯错误]]
(10) a. 一个人总是会犯错误的。
　　b. 总是$_x$[[x 是人] → [x 会犯错误]]
(11) a. 一个人只要努力就会取得成功。
　　b. ∀$_x$[[x 是人 & x 努力] → [x 会取得成功]]
(12) a. A man entered and sat down in the sofa.
　　b. ∃$_x$[x is a man & x entered & x sat down in the sofa]

从以上各句的逻辑表达式中可以看出,和存在封闭约束变项情况不同的是,其他算子对变项的约束都表现为一个如下由量化词(quantifier)、限制语(restriction)、核域(nuclear scope)构成的三分结构(tripartite structure),而存在封闭对变项的约束只有核域:

量化词［限制语］［核域］
存在封闭［核域］

同时，在语义上，算子约束变项和存在封闭约束变项的最大不同在于，前者涉及的是蕴涵关系（entailment），后者涉及的是合取关系（conjunction）。

Kamp-Heim 理论的成功之处在于能够解释无定名词短语不同的量化特性。正是由于视无定名词短语的语义为不具有任何量化之力的自由变项，从而达到了能够解释它们如何在不同的语境下具有了不同的量化之力。但 Kamp-Heim 对无定名词短语的处理所引发的一个问题是：在对自然语言的句子进行语义解释时，是如何把含有无定名词短语的自然语言的语句进行"三分"或"二分"的切分的？对自然语言来讲，从表层的句法结构到反映其语义解释的逻辑表达式，这个过程是怎样完成的？从句法到语义的映射机制究竟是怎样的？用 Diesing(1992:8—9)的话来讲就是，在对句中的无定名词短语进行语义解释时，语序、层阶结构等句法因素究竟发挥了怎样的作用？无定名词短语所介引的变项又是如何根据其所在的句法位置映射到限制语或核域中去的？

为了回答上述问题，Diesing(1992:9—10)提出了颇具影响的映射假说（Mapping Hypothesis）：

(13) a. 映射假说：
VP 内的无定名词短语映射到核域；VP 外的无定名词短语映射到限制语中。

b.
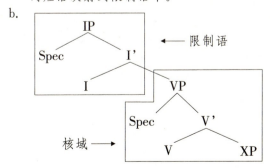

Diesing 映射假说的最大贡献就是把句法层面的层阶结构和语义层面的逻辑表达式联系起来。实际上,无论是在句法、语义、语用的任何一个层面,把一个句子分成两部分都有着很久的传统。无论是主语与谓语,主位与述位(theme/rheme),话题与评述(topic/comment),还是限制语与核域,所有这些对一个句子进行二分的基本精神都是一致的。而 Diesing 映射假说的可贵之处就在于,借助对句中无定名词短语的语义解释,以清晰、严谨的形式化手段,把无定名词短语的句法位置和语义解释直接联系起来,在接口层面为句法—语义映射提供了一种清晰、可行的运作方式。

应该指出,May(1977;1985)和其他大多数主张量化词提升移位(quantifier raising：QR)的观点是不区分强、弱限定词的。但在 Diesing 的框架中,强、弱限定词在是否进行提升方面并不相同。在不同的自然语言中,或在表层句法结构上,或在隐性逻辑式层面,强限定词短语一定要提升嫁接在 IP 之上,形成三分量化结构。而弱限定词短语在是否提升方面是两可的:当它们先设所指客体的存在时,其表现就如同强限定词短语,要提升嫁接在 IP 之上,形成三分结构;当它们并不先设所指客体的存在时,并不进行提升,而是留在 VP 内进行语义解释,当然是受存在封闭的约束做存在性解释。理论上讲,Diesing 这种分析框架的好处在于,一则可以解释在某些语言中(如德语)做不同语义解释的无定名词短语所出现的句法位置不同,一则使无定名词短语的先设性解读同限制语的形成建立起联系。实际上,出现在限制语中的无定名词短语的所指的集合,正是该无定名词短语所引发的存在性先设。换言之,强限定词所引发的先设必定会以某种方式进入到限制语之中。其实,这种关于无定名词短语的先设同句子逻辑表达式中限制语间内在联系的思想很多人早有述及(参见 Diesing 1992：143 注释 12)。

下面我们以实例来演示映射假说是如何解释无定名词短语的句法位置和语义解释之间的内在关联的。映射假说的最直接证据来自德语。先看下面的例(14):(Diesing 1992：36)

(14) a. ... weil ja doch Linguisten Kammermusik spielen.
　　　　 since PRT PRT linguists chamber music play

'... since there are linguists playing chamber music.'
"……当有些语言学家演奏室内乐。"

b. ... weil Lingisten ja doch Kammermusic spielen.
   since linguists PRT PRT chamber music play
   '... since (in general) linguists play chamber music.'
   "……当语言学家演奏室内乐。"

根据 Diesing 的观点,在德语中,光杆复数名词在做主语时可以自由选择两种句法位置,一是[Spec, VP],一是[Spec, IP],这两种位置可参照句子层面上的小品词(sentential particles)来确定,前者在小品词之后,后者在小品词之前。在(14a)中,光杆复数名词处于[Spec, VP],在(14b)中处在[Spec, IP]。正如两例所附的英语、汉语释义所示,当处于[Spec, VP]时,光杆复数主语做存在性的解读(14a);当处于[Spec, IP]时,做类指性解释(14b)。这说明,德语中光杆复数主语(或其他无定名词短语主语)在表层句法结构中的位置和其语义解释密切相关,[Spec, VP]位置的主语产生存在性解释,[Spec, IP]位置的主语产生类指性解释。之所以如此,正吻合了映射假说的预测:处在[Spec, IP]的无定名词短语映射到逻辑式的限制语中,受类指算子约束;处在[Spec, VP]的无定名词短语映射到核域中,受存在封闭约束。

英语的情况如何呢?一个普遍承认的事实是,在英语中,瞬时性谓词的无定名词短语主语既可以有类指性解释,也可以有存在性解释,而恒常性谓词的无定名词短语主语只能有类指性解释。如:

(15) a. Firemen are available.
   i. $\exists_x$ [x is a fireman $\wedge$ x is available]
   ii. Gen_x [[x is a fireman] $\rightarrow$ [x is available]]
b. Firemen arealtruistic.
   Gen_x [[x is a fireman] $\rightarrow$ [x is altruistic]]

无独有偶,Diesing 发现,在语义解释上,无定名词短语除了对瞬时性、恒常性两类谓词的不同性质敏感,还对提升谓词(raising predicates)和控制谓词(controlling predicates)敏感:

(16) a. Unicorns$_i$ are likely [t$_i$ to damage the walls].
    i. ∃$_x$ [x is a unicorn ∧ x is likely to damage the walls]
    ii. Gen$_x$ [[x is a unicorn] → [x is likely to damage the walls]]
  b. Unicorns$_i$ are anxious [PRO$_i$ to damage the walls].
    Gen$_x$ [[x is a unicorn] → [x is anxious to damage the walls]]

句法上,(16a)中的 be likely 被看做是典型的提升谓词,其主语自从句的主语位置移出,并在移出位置留下语迹 t;(16b)中的 be anxious 属控制谓词,句中的光杆复数基础生成于主语位置,而并非自从句主语位置移出,因此,占据从句主语位置的并非是语迹 t,而是空语类 PRO,且 PRO 受主句主语的控制,其所指与主句主语同标。与提升谓词和控制谓词这种句法上的对立不无关系的是,(16a,b)在语义解释上也体现出明显的对立:(16a)中的光杆复数主语既可以做存在性解释(16a—i),也可以做类指性解释(16a—ii),而(16b)中的光杆复数主语只能做类指性解释。为何如此?提升谓词和控制谓词主语的不同句法位置是否与它们不同的语义解释相关?Diesing 的映射假说给出了肯定的回答:正是由于提升谓词的光杆复数主语移出自从句的主语位置,从而可以从两个位置对其进行语义解释。当其在主句的主语位置接受解释时,由于占据的是[Spec,IP],结果被映射到限制语中,得到类指性解读;当在从句的主语位置接受解释时,由于占据的是[Spec,VP],只能接受存在封闭的约束,得出存在性解释。而对于其主语在基础部分就生成于[Spec,IP]的控制谓词来讲,只能在该位置接受语义解释,最终只能被映射到限制语中得出类指性解释。

正是建立在对上述提升谓词和控制谓词句法、语义对立的类推之上,Diesing 提出用其映射假说也可以解释英语中瞬时性谓词和恒常性谓词主语的不同语义解释。下面的(17a,b)分别是瞬时性谓词句和恒常性谓词句的生成树图:(Diesing 1992:24,26)

(17) a. 瞬时性谓词

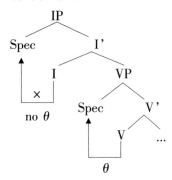

b. 恒常性谓词

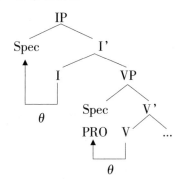

如图所示,对瞬时性谓词来讲,其 I 节点并不赋予[Spec,IP]θ角色。在这种情况下,主语基础生成于[Spec,VP],后为了得到格又在 s-结构中提升到[Spec,IP]。正如提升谓词那样,虽然为了获得格主语在 s-结构中进行了提升,但在进行语义解释时却允许它在逻辑式层面再下降至原来位置。正是由于在逻辑式层面,瞬时性谓词的主语既可以在[Spec,IP],又可以在[Spec,VP],所以可以分别得到类指性和存在性解读。恒常性谓词的情况就不同了:其 I 节点类似于控制动词,指派[Spec,IP]节点θ角色,语义大体相当于"具有性质 X"。这样一来,主语在基础部分生成于[Spec,IP],在语义解释时被映射到限制语中,得出类指性解释。

总之,在 Diesing 的分析模式中,[Spec,IP]位置和先设性的名词短语之间有着密切的联系,同时,这种联系也预示着,主语的句法位置同弱限定词的歧义性之间同样也存在着内在的关联。也就是说，主语的句法位置决定了弱限定词名词短语的语义解释。英语和德语的不同表现在：在英语中，这种联系由于主语始终在 s-结构中处于[Spec IP]位置而被掩盖，只能在逻辑式中反映出来。在德语中，由于主语既可以出现在 s-结构的[Spec IP]位置，也可以处于[Spec VP]位置，因此这种联系能够在 s-结构中表现出来。因此，对德语而言，仅仅根据 s-结构中主语的位置，就可以判断做主语的弱限定词短语的语义解释是先设性的，还是存在性的。简言之，映射假说的一个直接后果就是，所有自身不具有量化之力的存在性、非类指性无定名词短语必定在 VP 内接受解释，当然这既可以是在 s-结构中，也可以是在逻辑式中，因为唯有如此才能使之受到存在封闭的约束(Diesing 1992：57)。

4.3.2 蔡维天的扩充映射假说

如前所言，作为一种动态语义理论的 Kamp-Heim 理论，能够对有关无定名词短语在句中不同的量化含义进行解释。而继其之后的映射假说，则在语序、句法层阶结构与无定名词短语的语义解释之间建立了直接的联系。既能很好地在德语等语言中根据无定名词短语的句法位置预测其可能具有的语义解释，同时也能对诸如英语中出现在主语位置的无定名词短语的歧义解读进行解释。毋庸置疑的是，无论是 Kamp-Heim 理论，还是 Diesing 的映射假说，都并非是针对某一具体语言而言，当属致力于对自然语言共性进行研究的理论语言学研究。那么，汉语的情况又如何？以上理论能否对汉语无定名词的句法位置和语义解读进行解释呢？

较之其他语言，汉语一个非常突出的特点是，主语位置上的名词短语存在着实指或定指限制(Chao 1968；Li & Thompson 1981；朱德熙 1982；刘月华 1983 等)。这种限制似乎直接为上述理论提供了证据：作为介引变项的无定名词短语，在主语位置由于无法受到存在封闭的约束而造成不合格。然而，事实远非如此简单。正如本书所讨论的那样，一方面，并非是所有汉语句子的主语位置都存在实指或定指限制；另一方面，为何映射假说在有些语言(如英语)中表现为允许主语位置上无定名词短语的不同解释,而在汉语中却表现为主语位置的实指或定指限制?简言之,若将上述理论成功地用于汉语,对汉语无定名词短语的句法分布和语义解读进行充分的解释,尚需对汉语事实做进一步的考察,对理论进行某些必要的修改和补充。蔡维天的扩充映射假说(2001;2004)就是这样的一种尝试。

蔡维天(2004)指出,除了汉语的主语位置表现出实指或虚指限制外,汉语的话题更是如此。下面是他给出的例句:

(18) a. 这三个人啊,我非常喜欢。
  b. 有三个人啊,我非常喜欢。
  c. *三个人啊,我非常喜欢。

正如蔡文指出的那样,对出现在话题位置的无定名词短语"三个人"来讲,要么前面出现限定词"这",要么就得加上"有",否则会造成句子不合格。按照蔡的解释,这是由于话题的映射模式和主语的映射模式相仿,它们都映射到三分量化结构的限制语内。对出现在限制语内的无定名词短语来讲,由于既没有算子对其进行约束,同时也不能受存在封闭的约束,结果由于变项未受到任何约束而造成句子不合格。实际上,根据我们的理解,对一个句子而言,无论是话题、评述的二分,还是主语和谓语的切分,它们在很大程度上都有重合之处,它们分别对应着三分量化结构的限制语和核域。① 但按照蔡文的看法,话题和主语在分别向代表它们所在句子语义解释的逻辑表达式进行投射时,还是有差别的:话题始终都投射在与它相对的评述部分之外(即限制语中),而主语却既可以投射到与之相对的谓语之内,也可以投射到谓语之外。也就是说,若将映射假说运用到话题、评述结构,一定要使核域具有一定的弹性:不能仅以构成谓语部分的 VP 为界,而应涵盖整个评述部分。下面的(19)是(18)的映射树图:

---

① Shi (2000)曾指出,对于话题和主语的关系,主要有三种观点:第一种观点不承认有话题;第二种观点认为汉语中并不存在语法化了的主语和谓语,只有语法化了的话题和焦点;多数人持第三种观点,认为汉语中话题和主语并存,各自是不同的语法概念。本书和蔡文一样,应该属第三种观点。

(19)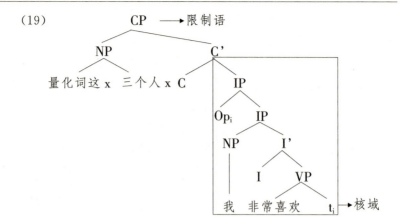

但(19)的分析会带来这样一个问题:话题后的所有成分都映射到核域中,这当然也包括句子的主语。既然存在封闭应用于核域,那么这是否意味着话题后的主语位置就可以自由出现无定名词短语了呢?但遗憾的是,事实并非如此,有蔡维天的(20)为证:

(20) a. 阿Q啊,这三个人非常喜欢。
　　 b. 阿Q啊,有三个人非常喜欢。
　　 c. *阿Q啊,三个人非常喜欢。①

基于此,蔡维天指出,句法至语义的映射应依照句法上的循环来进行。具体来讲,对(20a—c)三句而言,它们都涉及了两个循环过程,而在(20c)中由于缺少像(20a,b)中可以约束出现在第一个循环的限制语中"三个人"的算子"这"、"有"等算子,因此在第一个循环就被淘汰。以(20c)为例,两个循环过程可分别图示为(21a,b):

(21) a. 第一循环:[$_{限制语}$三个人][$_{核域}$非常喜欢]
　　 b. 第二循环:[$_{限制语}$阿Q啊][$_{核域}$三个人非常喜欢]

综合以上,蔡维天(2001;2004)提出如下"扩充映射理论"(Extended Mapping Hypothesis)②:

(22) 扩充映射假说

---

① 注意该句当"三个人"重读,做数量解释时,应该是合格的句子。
② 为与本书行文一致,措辞较蔡维天(2004)稍有改动。

a. 句法和语义间的映射必须是一种循环性的运作,而每一个映射循环都由一对主语和谓语或话题和评述组成。同时,每一项映射运作在进入下一个循环之前都必须避免出现不受约束的变项。

b. 在一个映射循环之内,谓语或评述部分内的词项映射至核域之内。

c. 在一个映射循环之内,谓语或评述部分外的词项映射至核域之外。

d. 存在封闭施行于核域之内。

4.3.3 (扩充)映射假说与汉语事实

从以上的讨论可以看出,Diesing 的映射假说与蔡维天扩充映射假说的基本精神是一致的。他们都认为,存在封闭只应用于 VP 内的成分,VP 外的成分映射到限制语中。两者的区别在于,Diesing 框架下,存在封闭应用所体现的句法—语义间的联系是静态的,而在蔡维天的扩充映射假说框架下,存在封闭的应用是循环性的,每一个句法结构的二分(即主语与谓语、话题与评述)都对应着在其语义表达式中分别向限制语和核域的映射。因此,这种句法—语义间的联系是分层次、循环性的,是动态的。我们认为,从形态、屈折形式比较丰富的德语、英语,到形态、屈折手段相对贫乏的汉语,这种由"静"至"动"的转变是必要的,无疑使理论具有了更好的解释力。然而,由映射假说到扩充映射假说,或者说句法—语义映射由单层次的静态映射到多层次、循环性的动态映射,这种理论上的调整是否就万事大吉,足以解释所有的语言事实了呢?遗憾的是,语言事实的纷繁复杂,远非某几条理论假说就能涵盖。即便是对汉语来讲,无论是存在封闭用于 VP 内,还是分层次的循环运作,都无法完全解释无定名词短语所有可能的句法分布和语义解释。我们认为,若要全面考察汉语无定名词短语的句法分布和语义解释,事态句和非事态句的区分、无定名词短语自身的强弱歧义,无疑都是重要的因素。

正如上一节中的(18、20)两例所示,汉语中的大部分主语、话题位置确实存在着实指、定指限制,但在某些情况下,无定名词短语又确实

可以合法地出现在主语位置。为了讨论的方便,先将蔡维天(2001;2004)提及的有关情况罗列如下①:

首先,蔡维天指出,正如普遍认为的那样,无定名词短语在没有"有"的允准下,一般不能做句子的主语②,汉语的主语位置存在实指或定指限制。有下面的(23)、(24)两例为证。

(23) a. 有两个人见过张三。
   b. *两个人见过张三。③
(24) a. 有一个人来找过你。
   b. *一个人来找过你。

其次,蔡维天(2001;2004)、Li(1998)、范继淹(1985)、Jiang, Pan and Zou(1997)、Xu(1997)等均曾指出,汉语无定名词短语并非绝对不能出现在主语位置,汉语主语位置存在实指或定指限制的概括过于绝对。下面是蔡维天曾举过的一些例句:④

(25) 表示可能、能力的"得"字句
   a. 五个人吃得完十碗饭。
   b. 五个人吃不完十碗饭。
(26) 模态助动词结构:
   三个步兵可以(/能/应该/必须)带九份口粮。
(27) 双数量结构:
   a. 六个人睡两张床。
   b. 两张床睡六个人。

---

① 蔡维天(2004)指出,无定名词短语的虚指用法需要特定的句法环境来配合,而这种特定的句法环境究竟是什么,该环境何以能允准无定名词短语出现在主语位置,以及这些无定名词短语语义上如何解释,如此等等,都是本节重点要解决的问题。

② 蔡维天指出,"有"一般被看做是表示存在的情态动词,可以引发实指性解读。

③ 我们的语感认为,该句并非一定不合法。如果把这里的"两个人"解释为是有定的,该句是合法的。另外,有趣的是,同属无定名词短语的"两个人"和"一个人"在这方面的表现并不一致,如i, ii 所示。参见下文的有关讨论:

 i. (有)两个人来找过你多次。("有"不出现时,"两个人"可以解释为定指)
 ii. *(有)一个人来找过你多次。("一个人"不可以解释为定指)

④ 此处所举例句主要来自蔡维天(2001;2004),其他情况鉴于性质的不同,我们留在下一章进行讨论。

(28)"够"字句:
    a. 两张床够睡六个人。
    b. 两张床够六个人睡。

我们先来看句(23)、(24)所表现的合法性对立:当无定名词短语出现在主语位置时,为何"有"出现时句子合法,"有"不出现时句子不合法?下面分别是含"有"和不含"有"的树图分析:①

(29) a.

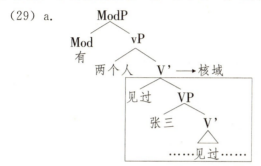

    b.

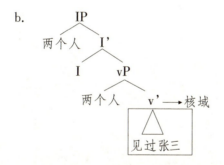

由分别对应着(23a,b)的树图(29a,b)可以看出,根据映射假说,主语位置上的"两个人"始终不能受存在封闭的约束。但不同的是,在(29a)中,"两个人"受到了表"存在"的情态助动词"有"的约束,而在(29b)中"两个人"并未受到任何约束,这造成(23a)合格,(23b)不

---

① 这里的树图引自蔡维天(2004)。不同于 Diesing 的是,蔡维天的分析是在 MP 框架下,而 Diesing 是在 GB 框架下。应该说,两种框架对映射假说并没有实质性的影响。在 GB 框架下,VP 映射至核域;在 MP 框架下,v'映射至核域。无论是在哪种框架下,由于汉语中并不存在 V 至 I 的移位,主语始终不能投射到核域中。详请参见蔡维天(2001;2004)的讨论。

合格。

接下来的问题是,既然是汉语的主语不能映射到核域之中,无法受存在封闭的约束,那么为何(25)至(28)又都是汉语合格的句子呢?这里我们看一下蔡维天是如何用其扩充映射假说来进行解释的。为节省篇幅,这里我们仅以表示"可能、能力"的"得"字句(25a)为例,其结构树图为:①

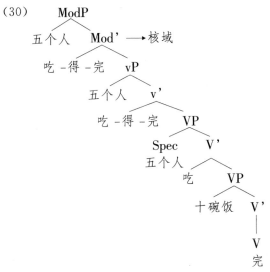

需要说明的是,之所以在(30)中的vP之上出现一个ModP,是因为照蔡维天看来,(25)至(28)各句都含有一个表示可能、义务等语义内容的情态算子,当然这些算子既可以是显形的(如(26)),也可以是隐性的。虽然汉语并不像英语那样始终存在V至I的移位,能够使主语位置上的无定名词短语受到存在封闭的约束(参见4.3.1小节对例(16)的解释),但在情态算子出现的情况下,动词可以提升至情态算子所占据的更高位置,从而致使核域随之扩大,由v'扩大至Mod'。这样一来,处在表层主语位置上的"五个人"就有了两个诠释位置:一是在[Spec, ModP],一是在[Spec, vP]。当然,如果是前者,"五个人"仍然处于核域之外,无法受存在封闭约束;如果是后者,它则被投射到核

---

① 蔡维天(2004)中的树图只画到VP,而VP内的层次结构并没有涉及。为了清楚起见,这里我们根据熊仲儒(2004)将之补充完整。

域之中,完全可以受存在封闭的约束,从而使得"五个人吃得完十碗饭"成为合格的句子。

总之,照蔡维天看来,在(25—28)代表的一类句子中,无定名词短语之所以能合格地出现在主语位置,是因为这类句子都是某种显形或隐性的情态结构,涉及了动词至 Mod 节点的提升,使得语义解释时映射到核域的 VP 的辖域扩大,覆盖了无定名词短语主语的句法位置,从而使之可以受到存在封闭的约束,不至于因为空量化(vacuous quantification)(即变项未受到任何约束)而导致句子不合格。同时,在语义解释上,虽然同样是处在主语位置,无定名词短语在情态句和非情态句中的解读并不相同。仍以(25a)为例,蔡维天将其语义表达式记做下面的(31b):

(31) a. 五个人吃得完十碗饭。(=(25a))
   b. ◇ Gen $_s$ [s is a situation] ∃$_{x, y}$ [x is a group of five people in s & y is a group of ten bowls of rice in s & x finishes y in s]

将(31b)翻译成自然语言就是:"在某个可能的世界中,对情景类 s 而言,s 中存在一个五个人组成的集合 x,十碗饭组成的集合 y,且 x 吃得完 y。"

直觉上,(31a)中的"五个人"和"十碗饭"都不具有指称性,应解释为任意的五个人和任意的十碗饭。那么我们这种把它们解释为任指(亦即类指)的语言直觉又是从何而来呢?从(31b)中可以清楚地看到,虽然"五个人"、"十碗饭"直接受到的都是存在算子的约束,但它们却又是处于类指算子的辖域中,也许任指性的解读正源于此。有趣的是,在下面不含有情态算子的(32b)以及"有"和情态算子同时出现的(32c)中,无定名词短语的解释表现出明显的不同:

(32) a. 五个人吃得完十碗饭。
       (任意的五个人一起能吃完任意的十碗饭)
    b. 有五个人吃了十碗饭。
       (i. 一组特定的五个人,他们一共吃了特定的十碗饭。
       ii. 一组特定的五个人,他们每个人吃完了特定的十碗饭。)

c. 有五个人吃得完十碗饭。
（i. 一组特定的五个人,他们有能力吃完任意的十碗饭。
ii. 一组特定的五个人,他们每个人都有能力吃完任意的十碗饭。）

由（32a－c）各句的语义差别可以看出,在只含有情态算子的（32a）中,"五个人"、"十碗饭"都只能解释为任指的,这种任指性的得出是因为它们都处于情态算子的辖域之内;在只出现表示存在的"有"、不含情态算子的（32b）中,"五个人"、"十碗饭"不仅都具有了实指性,而且整个句子既有整体性解读（collective reading）,又有分配性解读（distributive reading）;在表示存在的"有"和情态算子都出现的（32c）中,虽然该句既可以解释为整体性的,也可以解释为分配性的,但"五个人"是实指的,"十碗饭"是任指性的,显然这是因为表示存在的"有"只能约束处在主语位置上的"五个人",而处在宾语位置上的"十碗饭"仍然处于情态算子的辖域之内。

总之,在扩充映射理论框架中,蔡维天首先区分了两种类型的语言,一类是存在 V 至 I 移位、有相对丰富的屈折、形态特征的语言（如英语、德语）,另一类是不存在 V 至 I 的移位,屈折、形态特征相对缺乏的语言（如汉语）,并基于此得到了对主语位置上的无定名词短语进行解释的两种不同范式。在前一类型的语言中,由于动词移至位置更高的功能性中心语上,成就了非实指性的无定数量名词短语可以在 S 结构中出现在[Spec, IP]位置,无定名词短语主语句司空见惯。相反,在不存在 V 至 I 移位的后一类语言中,由于动词并没有移至一个更高的功能性中心语节点上,无定数量名词短语不能在 S 结构中出现在[Spec, IP]位置,结果无定名词短语主语句非常罕见。然而,需指出的是,在汉语等语言中,基数性主语也并非完全不可能。在含情态动词的模态句中,由于涉及了动词到情态动词位置的移位,可以造就合格的无定名词短语主语句。

4.4 汉语无定名词短语的语义解释

如前所述,无论是 Diesing 的映射假说,还是蔡维天的扩充映射假说,他们都是致力于根据无定名词短语的句法位置来得出它们的语义解释。虽然在蔡维天的分析中涉及了情态动词对无定名词短语语义解释所造成的影响,但我们认为,蔡维天在更大程度上是从句法、语义接口层面上探讨无定名词短语在句中的允准条件,而对无定名词短语的语义解释并没有进行太多系统的、全面的描写和解释。除了句法位置,无定名词短语所出现的语境,即我们所界定的事态句和非事态句的区分,以及无定名词短语自身在数量特征和指称特征方面的双重属性,无疑都是影响其语义解释的重要因素。在本节我们将主要从这两个角度对汉语无定名词短语的一些用法进行讨论和解释。

4.4.1 非事态句中无定名词短语的语义解释

如果我们的理解准确的话,在蔡维天的框架中,受存在封闭约束的无定名词短语只做数量性的基数性解释。但我们以为,存在封闭只是能够使无定名词短语得到允准的句法手段,存在封闭本身并不能决定它的语义解释。理论上讲,存在封闭只是使句中出现的无定名词短语在未受到其他任何算子约束的情况下,为避免空量化而采取的一种迫不得已的手段,它并不能最终决定受它约束的无定名词短语的语义所指。真正决定无定名词短语的语义解释,还要看它所出现的语境是事态性的,还是非事态性的。在事态性语境中,鉴于它们和事态论元的相互作用,无定名词短语在语义上必定倾向于是个指的;相反,在非事态性语境中,无定名词短语倾向于是类指的。同时,在有其他算子对它进行约束的情况下,还会具有不同的量化含义。下面来看无定名词短语出现在非事态句中的一组例句:

(33) a. 一个人难免一死。

b. 所有的(/每一个)人都难免一死。

c. 大多数(/很多/三分之一的)人能活到80岁。

d. 一个人搬不动,两个人就可以了。

e. 一公斤等于一千克。→ e′一千克等于一公斤。

f. 一辆车可以坐五个人。→ f′五个人可以坐一辆车。

g. 两间房子至少值五百万。→ g′五百万最多买两间房。

  h. 三个臭皮匠顶个诸葛亮。→ h'一个诸葛亮难抵三个臭皮匠。

  i. 一个篱笆三个桩，三个好汉一个帮。

  语义上，(33)中各例表达的都是客观或认识上的普遍规律，理应属非事态句。也正因如此，这些无定名词短语在句中的作用只是引进一个变项，不具有指称意义，只表现出量化意义的一面。它们的量化意义，或来自自身作为强量化短语所含的限定词，如(33b, c)中的"所有的人"、"大多数人"等，或来自非事态句本身所隐含的类指算子。可引以为证的是，除句(b, c)外所有其他各句中的无定名词短语在语义上都并非是指称某个或某些实际的客体，相反，由于它们都受到了句子本身所含的类指算子的约束，在语义上都具有类指性。如句(a)说的是"作为人类的任意一个成员都难免一死"，句(f)说的大体相当于"某类车中的任何一辆都可以乘坐五个人"，而句(h)则是说"任意三个臭皮匠都能顶个诸葛亮"。因此，我们完全可以将(33)所代表的这类句子视做特征概括类指句(参见第三章)。

  与上面这类特征概括类指句相关的另一个现象是，出现在这类句子中的无定名词短语(一般为数量短语)常常是成对出现，整个句子表达的多是一种数量配比关系，张旺熹(1999:61)称之为双数量结构[①]。更有趣的是，这种句式中成对出现的数量短语大都能交错换位，如(33)中的 e, f, g, h 各句分别可以变换为 e', f', g', h'，蔡维天(2004)将这类句式戏称为"乾坤挪移句"(flip-flop sentences)。那么为何这类句式中的数量短语能够如此自由地换位呢？照我们看来，这恰恰是因为这类句式的主要意旨就是表达两种数量短语之间的配比关系。相比之下，谓词却似乎并不太重要，有时甚至可以省略，如(33i)。[②] 具有数量配比关系的一对数量短语，组成一个二元组，再加

[①] 张文指出，这类双数量结构具有三个密切相关的语义特征，分别是[连续性]、[函变关系]、[非动态性]。我们认为，张文关于这三种语义特征的描述也符合我们关于非事态句的语义特征概括。

[②] 张旺熹(1999)指出，双数量结构"所表现的语法意义，不取决于其中动词所代表的动作行为执行或发生的过程形态，而着重揭示相互关联的事物之间在数量上的配置和对应关系"。

上它们受到类指约束从而具有类指含义。我们以前面曾举过的"五个人吃得完十碗饭"为例,可将其逻辑表达式记做下面的(34a)或(34b):

(34) 五个人吃得完十碗饭。
 a. GEN$_{<X, Y>}$[X 是五个人的集合 & Y 是十碗饭的集合][X 吃得完 Y]①
 b. GEN$_{<Y, X>}$[Y 是十碗饭的集合 & X 是五个人的集合][X 吃得完 Y]

正因为(34a)同(34b)在逻辑上是等值的,才有了这类数量配比结构中数量短语的自由换位,"五个人吃得完十碗饭"也可以说成"十碗饭够五个人吃"。

我们不同于蔡维天对(34)分析的一个地方在于,蔡维天认为,由于此句中谓词的位置由 v 提升至 Mod,结果使核域的辖域扩大,从而使得无论是处在[Spec, vP]位置的主语"五个人",还是处在[Spec, VP]位置的"十个人"(参见(30)中的树图分析)都受到了存在封闭的约束。但照我们看来,由于这种事态句自身就蕴涵了一个类指算子,类指算子理所当然地会先于存在封闭无选择地对变项进行约束。前面曾提过,存在封闭只是迫不得已的一种变项约束机制(蔡维天 2004 也表达过类似观点),在其他算子业已出现的情况下,它自然没有应用的必要。再者,在我们对(34)的分析中,无论是处于主语位置的"五个人",还是处在宾语位置上的"十碗饭",在语义映射时它们都被投射至限制语中,而按蔡维天的分析它们都应被投射到核域中。不利于蔡维天之分析的是,按照蔡维天的分析,映射至核域中的无定名词短语是不可以出现在话题中的,但显然这与事实不符:在下面的(35)中,无论是"五个人"还是"十碗饭",它们都可以充当句子的话题。

(35) a. 五个人啊,吃得完十碗饭。
 b. 十碗饭啊,五个人吃得完。

另从(35)例也可以看出,即便说汉语的话题位置存在着定指或实

---

① 可拿该逻辑表达式与蔡维天为该句提供的逻辑表达式(31b)对比,我们认为两种表达的真值条件是相同的,但我们的表达也许更简洁,更贴近语感。

指限制也是不准确的。我们认为,有定限制也好,实指限制也罢,都只是就事态句而言。在非事态句中,由于类指或其他显性算子的存在,非实指的无定名词短语在语义表达式中均被映射到限制语中。反映在句法层面上,那就是非实指的无定名词短语可以出现在非事态句的主语、话题位置。①

在上面的分析中,我们之所以把(33d—i)一类句子称做双数量结构,把类指算子约束的对象看做是成对的无定数量短语所介引变项构成的二元组,还有一个证据是,在有些情况下,这些数量短语必须成对出现。当然,成对的数量短语未必都一定是无定名词短语,但必须表达某种特定的量。请看下例:

(36) a. ＊五个学生做得完功课。
   b. 五个学生做得完这些功课。
   c. 有五个学生做得完功课。

Audrey Li (1996)曾指出,单纯依靠情态动词并不足以使无定数量短语合法地出现在主语位置。(36a)不合格,(36b)合格,这表明:情态动词的出现与否并不是造就合格的无定数量短语主语句的唯一因素。具体来讲,按照蔡维天的分析,(36a)中的"五个学生"可以在[Spec, vP]位置进行解释,而在其之上的Mod'映射至核域(参见(30)树图),照理说"五个学生"完全可以受到存在封闭的约束,但为何(36a)仍然不合格呢?显然,(扩充)映射假说无法对此进行很好的解释,这其中另有其他因素发挥着作用(另参见 Tsai 2001)。那么究竟是为何在把(36a)中的光杆名词换成有定的"这些功课"之后句子就合格了呢?我们认为,情态动词并不能直接对无定数量短语主语句的合格性具有决定作用,真正起决定作用的是事态句和非事态句的区分,只有非事态句才能允许无定数量短语出现在主语位置。"这些功课"较之"功课",作用就在于其有定性使之具有了一定的量,从而和"五个学生"形成了一种数量配比关系。同时,作为非事态句,(36b)中的"五个学生"并不具有指称性,指的是任意五个学生的集合。当然,除了

---

① 请联系我们在第三章的相关论述:主语、话题位置的光杆名词短语在非事态句中倾向于做类指解释,在事态句中倾向于做定指解释。

第四章　无定名词短语的语义解释

"这些功课"能够使本不合格的(36a)变得合格,添加"有"也同样具有这种作用,有(36c)为证。但显然(36b)和(36c)的区别在于,前者是非事态句,"五个学生"是类指的,而后者是事态句,"五个学生"是实指的。另外,数量成分成对出现对这类句子的关键作用,也许还可以从下面(37)中各句的对立中看得更清楚。

(37) a. ＊五位老师改得完试卷。
　　 b. 五位老师改得完这些试卷。
　　 c. 五位老师改得完100份试卷。

4.4.2 情态动词对无定名词短语主语句的影响

综合以上,我们同蔡维天的分歧在于,蔡维天认为情态动词是造就合格的无定名词短语主语句的关键,而我们认为是非事态句。究竟孰是孰非呢? 在本节我们将围绕情态动词的作用展开讨论。

在讨论情态动词能够允准无定名词短语做主语时,蔡维天区分了两类性质不同的情态动词。先看实例:

(38) a. 三个学生可以去看王老师。≠a' 有三个学生可以去看王老师。
　　 b. ＊三个学生应该去看王老师。→ b' 有三个学生应该去看王老师。
(39) a. 三个步兵能够(/必须/可以)带九份口粮。
　　 b. ＊三个步兵敢(/肯/想)带九份口粮。

情态动词"可以"、"应该"的区别从(38a,b)的合格性对立中显现出来。同样的句子,使用了"可以"的(38a)是合格的,而使用了"应该"的(38b)却不合格。不仅如此,它们在语义上也存在着明显的差别。虽然两句加上"有"之后,都是合格的句子,但显然(38a)在语义上并不等于(38a'):(38a)中的三个学生是无指的、任意的,①而(38a')中的"三个学生"却是实指的,所指为特定的三个学生。而对(38b)而言,"有"不出现时句子是不合格的,"有"出现后句子合格且"三个学生"只

---

① 即(38a)中的"三个学生"不具有指称性,突显的是其数量义。

能是实指的。这说明,"可以"和"应该"在是否允准无定名词短语做主语方面是有差异的:"可以"既可以允准无指的无定名词短语做主语,也可以允准实指的无定名词短语做主语;"应该"只能允准实指的无定名词短语做主语(即必须出现"有")。同理,(39)中 a、b 两句的对立亦说明"能够"、"必须"、"可以"同"敢"、"肯"、"想"同样也存在着上述对立。

情态动词何以会有上述不同的表现?蔡维天(2001)认为,这或是源于两类情态动词的不同性质,或是同一情态动词两种不同的用法所致。表示主观能力的"能"、意志的"会"、"敢"、"想"、"肯"等和其主语之间有题元关系,它们的表现似控制动词;而表示客观可能性的"能"、"可以",表示将来的"会",以及表示义务情态的"必须"、"应该"等,它们和主语之间没有题元关系,表现似提升动词。因此,对前一种性质的情态动词而言,其主语的基础生成位置是[Spec, ModP],当然也就无法被映射到核域内并受到存在封闭的约束,结果使得做主语的无定名词短语因为未受到任何约束而造成不合格句。相反,对表现似提升动词的后一种性质的情态动词而言,由于其无定名词短语主语的基础生成位置是在[Spec, VP],后经提升至[Spec, ModP],因此在进行语义解释时,提升至[Spec, ModP]位置的无定名词短语仍然可以在其基础生成位置进行映射,这样一来,它就会因为处在核域之内而受到存在封闭的约束,最终成就合格的无定名词短语主语句。

可见,蔡维天对(38)、(39)之类无定名词短语主语句合格性解释的关键是区分情态动词的不同性质。我们认为,蔡维天对情态动词的这种分析和解释,基本上是符合人们的语感的,思路应该是对的。从认知的角度上讲,无论是能力,还是意志,都依赖于某个客观实体的存在。也就是说,只有针对某个或某些特定的客体,才谈得上其能力或意志。因此,"能、敢、肯、想"等情态动词必须要求具有实指性的成分做其主语就不足为奇了。相反,对表示客观可能性或道义情态等的情态动词"可以、必须、会"等来讲,它们只是表达某种事态的可能性或规律性,因此,对主语不会有具体的要求。

换一个角度,如果我们从一个句子所表达的是某个特定的事态还是一般规律性的事态的视角来看,我们也可以在不同性质的情态动词和事态句、非事态句的区分之间建立起联系。我们完全可以视虽含有情态动词但要求其主语具有实指性的句子为事态句,不要求主语具有实指性的句子为非事态句。蔡维天之所谓不同性质的情态动词在允准无定名词短语做主语方面的不同,从实质上来讲,或者说是在更抽象的层次上,只是特定事态和一般性事态的不同。或用我们的话来讲,是事态句和非事态句的不同。事态句要求主语具有实指性,而非事态句则没有这种要求。

然而,需要指出的是,鉴于很多情态动词都在以上两种属性之间存有歧义,因此我们不好简单地根据这种性质对情态动词进行清晰的分类,也不能武断地划定某一个情态动词的归属。举例来说,"敢"一般被认为是表示某种意志,是针对特定客体而言的,要求其主语具有实指性(参见例(39b))。但正如下面的例(40)所示,"敢"完全可以出现在非实指的无定名词短语主语句中。也许,正如我们所要表达的那样,要判断一个情态动词能否允许无定名词短语做主语,不能只看该情态动词的语义性质,而是要看句子描述的是一般性事态,还是特定事态。不论情态动词的性质如何,只要它所出现的句子是非事态句,那么,其主语位置就没有定指或实指限制。另外,在前面我们讨论过的特征概括类指句中(参见例(33)),无定名词短语大都可以合法地出现在不含情态动词的句中,难道我们还非得要假定所有这些句子都隐含了情态动词吗?

(40) a. 五个人哪敢跟十个人斗。
    b. 一般来讲,一个人不敢去对抗整个社会。

再比如,在蔡维天(2001)的分析中,表能力的情态动词要求其主语具有实指性,而表可能性的情态动词则没有此限制。正因如此,"五个人吃得完十碗饭"不可能有分配性的能力解读(the ability-distributive reading),而"有五个人吃得完十碗饭"则对应有两种不同的解释,一是可以指五个人各自具有吃完十碗饭的能力,一是五个人作为一个整体有吃完十碗饭的能力。① 但这种分析会引发这样的一种后果,那就是表示分配性能力的助动词对主语有实指性要求,而表示整体性能力的助动词则允许主语是虚指的。这是否有"就事论事"(adhoc)之嫌？对同一个情态助动词(如"得")而言,既要看它是表示能力,还是表可能性,还要看它是表示分配性的能力,还是表整体性的能力,这岂不是有些过于繁琐,有失概括吗？

总之,我们同意蔡维天之不同性质的情态动词(或同一情态动词的不同性质)在允准无定名词短语做主语方面的不同,认为这种思路是对的。但遗憾的是,这并非是问题的根本所在。我们认为,事态句和非事态句的区分能够更好地对这一现象进行解释,更具有概括力。

4.4.3 无定名词短语在主宾语位置的不对称

一般认为,所谓汉语无定名词短语的实指、定指限制,仅是就主语位置而言;对宾语位置上的无定名词短语来讲,既可以是实指的、定指的,也可以是虚指的、无指的。显然,主语、宾语两种句法位置表现出明显的不对称性。为何如此？我们的基本观点是,无定名词短语在语义解释上所体现的这种句法位置的不对称,从根本上还是缘自主、宾语在句法结构中的不对称。在句法学界,尽管生成语法关于句子结构生成的树图并不一定被普遍接受,即便在生成语法学派内部也难说是众口一词,但普遍认同的是,句子是有其内部的层阶结构的(hierarchical structure)。处在这样一个层阶性结构中的主语、宾语理应表现出位置的高低之别。正是这种句法位置的高低不同,或者说是结构的不对称,才导致了语义解释的不同。抛开具体细节不谈,这里我们不妨借用一下生成语法最简方案对句子结构的树图分析,看一看句法位置的高低不同究竟是如何与语义解释的不同相互关联的。

---

① Tsai(2001)认为"有五个人吃得完十碗饭"还有第三种可能的解释,即"得"表示可能性,整句的意思大体相当于"作为一个整体的五个人有吃完十碗饭的可能性"。

第四章 无定名词短语的语义解释   89

(41) a.

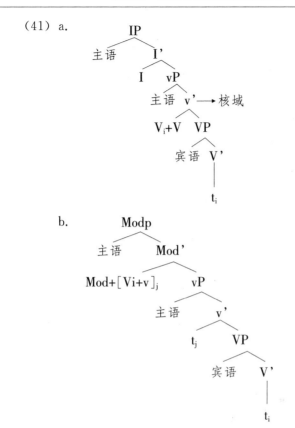

b.

如(41a)树图所示,在最简方案框架下,根据 VP 内主语假设(VP-internal-subject Hypothesis)和轻动词理论(Light Verb Theory),主语基础生成于[Spec, vP]位置,宾语基础生成于[Spec, VP]位置①。随着动词由 V 至 v 的移位,核域也由 VP 扩大至 v'(比较例(13)的树图分析)。根据(扩充)映射假说,只有核域中的变项在迫不得已的情况下才可受到存在封闭的约束,因此只有宾语才有可能接受存在封闭的惠顾,而主语由于在核域之外,存在封闭对它无能为力。这样一来,对自身性质为变项的无定短语来讲,当出现在主语位置时,必须有其他算子对其进行约束,否则会因为变项未受到约束而导致句子不合

---

① 另有一种观点认为,宾语的基础生成位置应该是[Comp, VP]。但无论如何,宾语始终是在 VP 内生成。

格;相反,当出现在宾语位置时,即便没有其他算子,但因为有存在封闭在时刻待命,不会出现变项不受约束的情况。总之,无定名词短语之所以在做宾语时自由,而做主语时不自由,原因就在于它们句法生成位置的高低不同。

那么,又是为何在有些情况下,汉语允许有合格的无定名词短语主语句呢?蔡维天认为,所有这些句子都显性或隐性含有一个情态动词,同时该情态算子引发了动词由 v 节点到 Mod 节点的移位(动词先由 V 节点移至 v),结果造成核域的扩大,并使得处在基础生成位置上的主语由于处在核域之内而可以受到存在封闭的约束,最终避免了无定名词短语主语变项不受约束(参见(41b))。不同于蔡维天之分析的是,我们认为,合格的无定名词短语主语句的生成,未必一定必须借助动词至 Mod 节点的提升移位而造成核域的扩大;再者,在合格的无定名词短语主语句中,约束无定名词短语变项的并不一定是存在封闭,还可以是非事态句中所含的类指算子。非事态句所含有的类指算子是造就合格的无定名词短语主语句的关键。正因如此,作为变项的无定名词短语主语,在语义映射时可以被映射至限制语中,接受类指算子的约束。我们认为,至少在如下两方面,我们的分析较之蔡维天的分析更有解释力。

其一,在无定名词短语出现的非事态句中,我们发现,无论是处在主语位置还是宾语位置,无定名词短语在语义解释上都具有类指含义。以"三个步兵可以带九份口粮"(=39a)为例,无论是做主语的"三个步兵",还是做宾语的"九份口粮",它们在语义上都是类指的,表达的分别是"任意一个三个步兵组成的集合"(即由"三个步兵"构成的集合类,下同)和"任意一个九份口粮组成的集合"。显然,存在封闭的约束并不能使它们具有类指性含义。按蔡维天的说法,它们的确是受到了存在封闭的约束,至于之所以具有类指意义,那是因为存在算子处于出现在更高位置上的类指算子的辖域之内。我们认为,蔡维天的这种解释有待进一步商榷:首先,存在封闭的应用是迫不得已的,是为了避免变项不受到约束而采取的一种最后的补救措施(last resort)。既然如此,为何在逻辑表达式中已经有类指算子出现的情况下,还依然实施存在封闭呢?其次,在算子约束变项方面,类指算子和其他算子

第四章 无定名词短语的语义解释

一样,它们对变项的约束都是无选择的(unselective)。因此,对出现在主语位置和宾语位置上的无定名词短语而言,既然它们都处在类指算子的辖域内,无疑都会受到类指算子的约束。至于存在封闭,则根本没有实施的必要。

其二,处于宾语位置上的无定名词短语无疑都可以受到存在封闭的约束,但按照蔡维天的说法,受存在封闭约束的无定名词短语只做基数性解释,但这显然与在事态句中处于宾语位置的无定名词短语在语义上为实指的事实相矛盾。正如蔡维天(2002)指出的那样,在已然时制下,宾语位置上的无定名词短语都是实指的,可以(42)各句后都可以接续以宾语为主语的二阶谓语(secondary predicate)为证:

(42) a. 张三吃过一块臭豆腐(,臭得让人受不了)。
　　 b. 张三吃了一块臭豆腐(,臭得让人受不了)。
　　 c. 张三在吃一块臭豆腐(,臭得让人受不了)。

相反,在下面(43)中的各句中,做宾语的无定名词短语虽然受到存在封闭的约束,但仍做虚指或无指解释,不可以接续以宾语为主语的二阶谓语:

(43) a. 张三吃过一块,不是两块臭豆腐(*,臭得让人受不了)。
　　 b. 张三从没吃过一块臭豆腐(*,臭得让人受不了)。
　　 c. 张三想吃一块臭豆腐(*,臭得让人受不了)。

我们不同意蔡维天的是,(43)中的无定名词短语之所以不是实指性的,并非是因为它们受到存在封闭的约束。因为如果认为受存在封闭约束的无定名词短语都是虚指或无指的,那么如何解释(42)中的无定名词短语都做实指性解释? 也就是说,宾语位置的无定名词短语是实指性的,还是虚指性的,与存在封闭的约束与否并没有直接的联系。之所以(43)中受存在封闭约束的无定名词短语都做虚指或无指解释,那是因其他因素所致:在(43a)中,无定名词短语处在对比焦点的位置,整个无定名词短语应看做是强限定词短语,无需受其他算子的约束(即"一、两"本身就是量化算子),当然得到的语义解释也只能是数量性、虚指性的①,即数量性解释得到突显,指称性解释受到抑制。在(43b)中,"一块臭豆腐"仍然是强限定词短语,但它同时又处在否定词的辖域之内,用蔡维天的话来讲是一种"否极"用法(negative polarity)。对(43c)中的"一块臭豆腐"来讲,虽然它自身作为弱限定词短语②受到了存在封闭的约束,但由于存在封闭是处在一种内涵性语境中(这种内涵性语境由"想"引起),因此也只能解释为虚指的。

4.4.4 无定名词短语主语与两类谓词

蔡维天(2002)在讨论瞬时性谓词和恒常性谓词的区别时,曾举过下面的例子:

(44) a. *一个人来找过你。
   b. 昨天一个人来找过你。
   c. 一个可怜兮兮的人来找过你。

(45) a. *一个人很笨。
   b. *昨天一个人很笨。
   c. *一个可怜兮兮的人很笨。

在瞬时性谓词出现的(44)中,主语实指性、有定性限制造成的句a的不合格,可以用某些语用因素来弥补,如句b、c均是合格的句子。相反,在"很笨"所代表的恒常性谓词出现的(45)中,这种语用措施的弥补无济于事,有(45b,c)的不合格为证。基于此,蔡维天指出瞬时性谓词和恒常性谓词的区别在于,前者有事态论元和已然时制配合引介存在量化,而后者由于不能和已然时制连用,无法引介存在量化。正因如此,对恒常性谓词来讲,即使援引语用上的补救措施也无法提高句子的合法度。

---

① 准确地讲,并非是用做强限定词短语、做数量性解释的无定名词短语就一定是虚指的。我们认为,在(43a)中"过"也起到了关键性的作用。"过"和数量对比焦点共同作用,造就了该句的非事态性质。请对比下面的i、ii两句:
i. 张三吃过一块,不是两块臭豆腐(*,臭得让人受不了)。(=(43a))
ii. 张三吃了一块,不是两块臭豆腐(,但已经臭得让人受不了了)。
② 有什么理由认为"一块臭豆腐"在(43a,b)中是强限定词短语,而在(43c)中是弱限定词短语?有一个很简单的测试方法,(43c)中的"一"可以省略,而在(43a,b)中不可以。

原则上,我们同意蔡维天对两类谓词的区别的这种概括。实际上,蔡维天所谓瞬时性谓词同事态论元、已然时制的联系,恒常性谓词同事态论元和已然时制的无缘,正吻合了我们对事态句和非事态句的区分。然而,按照我们前面的分析,是事态句中才存在所谓主语的有定性或实指性限制,至于非事态句,鉴于所引发的类指算子的存在,在多数情况下主语并不表现出定指或实指限制,相反多倾向于是类指而非个指的。那么,为何这里作为事态句的(44)可以用语用因素来弥补,而作为非事态句的(45)却表现出更强的主语有定性、实指性限制呢?我们认为,(45)各句不合格的根源,并不在于恒常性谓词"很笨"的主语限制,而是在于它们作为非事态句,都未能引发出一个能够约束无定名词短语主语变项的类指算子。换句话讲,(45a)的不合格,并不是无法用语用措施来补救,而是要看这种语用上的补救措施是否合适。如前所言,非事态句本身就和已然时制绝缘,难怪再拿"昨天"来对(45a)进行补救无济于事。实际上,不仅是"昨天"无法对本就不合格的(45a)进行弥补,而且即便是本来合格的句子,加上"昨天"后也会变得不合格。如"张三很笨"是合格的句子,但"昨天张三很笨"则一下子变得很糟①。那么,(45c)的不合格又是为何呢?前面我们曾论及,非事态句在语义上表达的多是人们对事物和性质间内在关联的某种规律性认识。而(45c)的不合格就在于它所反映的并不符合人们对客观规律的认识。说白了,在人们的认知中,一个人的"可怜兮兮"与"很笨"之间并不存在内在关联,当然这种所谓语用上的补救势必是失败的。相反,如果语用的补救符合人们的认知,那么就应该能生成合格的句子。既然这类非事态句反映的是主语所指同恒常性质间的内在关联,那么我们对(45c)的补救也可以兵分两路,一是改换谓词(如(46a)),一是改变主语(如(46b))。当然,无论是哪种思路,目的都是使非事态句能够反映人们对规律的认识,从而介引出一个能够对无定名词短语进行约束的类指算子。

---

① 正如蔡维天指出的那样,"昨天张三很笨"在与下面句 i 类似的语境中可以是合格的句子。但显然 i 中"很笨"的谓词性质已发生改变,应视做瞬时性谓词。参见蔡维天(2002)注释1。

i. 昨天张三很笨,连一块钱都没多拿。

(46) a. 一个可怜兮兮的人很容易得到别人的同情。
　　 b. 一个自作聪明的人实际上很笨。

4.4.5 无定名词短语的双重语义属性

本书前面部分多次交待,指称性和量化性是无定名词短语固有的两种属性。至于无定名词短语在句中的实际语义解释,只不过是两种属性彰显程度的不同。通常的情况是,在有些句子中,是无定名词短语的指称义得到突显,其数量义被抑制;在另外一些句子中,是数量义得到突显,指称义处于次要地位。除此之外,还有一种可能就是,在某些句子中,很难说清无定名词短语究竟是偏重指称解释还是数量解释,似乎两者的关系是并驾齐驱、难分伯仲。

与我们的上述分析不同的是,Li(1998)把"数词+量词+N"看做是两种性质不同的无定名词短语。如对"三个学生"而言,它的一种性质是数量短语(NumP),另一种性质是限定词短语(DP)。对应着它们句法范畴的不同,语义解释上也各不相同:前者做数量解释,后者做不定指的、非数量性的、个体指称解释。一般认为,DP 中的 D 节点使得名词短语和语篇、世界中的事态相关,即 D 被看做是表达有定性的节点。据此,Li 假设两种不同性质的无定数量短语分别具有如下两种不同的结构:

(47) a. [$_{NumP}$ 三个学生]
　　 b. [$_{DP}$ D [$_{NumP}$ 三个学生]]

同时,具有不同结构的两种数量短语,除了它们语义解释上的不同外,在句法分布上也具有不同的表现:性质为 NumP 的"三个学生"能够出现在话题、主语位置,而性质为 DP 的则不能。为何如此?Li 指出,根据 Longobardi(1994),空 D 节点和其他空范畴一样,必须受管辖(governed)。正因如此,对性质为 DP 且 D 节点为空的无定数量短语来讲,它只能出现在受词汇形式管辖的位置,而性质为 NumP 的无定数量短语则没有这种限制。这种假设在汉语中有着很好的经验证据。如前所言,一般认为汉语的话题、主语位置的的确确存在着定指或实指限制,即便是类似"三个学生"之类的无定名词短语合法地出现在话题、主语位置,在语义上也不能解释为指称性的,只能是数量性

的。更有意义的是,这种假设还能准确地预测并解释类似下面(48)所代表的一些情况:

(48) a. 刚刚三个学生来找你。
　　 a'? 三个学生来找你。
　　 b. 昨天一个工人从窗口掉了下来。
　　 b'? 一个工人从窗口掉了下来。

语义上,(48)中的"三个学生"、"一个工人"无疑都做指称性解释。根据 Li 的假设,它们的句法范畴应是 D 节点为空的 DP。但为何这种中心语节点为空的 DP 可以合格地出现在主语位置上了呢?显然,是出现在主语前的"刚刚"、"昨天"发挥了重要的作用。正是它们的出现,才使得主语位置上出现的 DP 的空中心语节点不至于因为受不到管辖而造成句子的不合格。试对比(48a',b')两句。

另外,Li 把某些句中类似"三个学生"之类的无定名词短语的句法范畴看做是 NumP 的证据还在于,一方面,它们都可以用来回答类似"多少(个)"等就数量进行提问的问题①;另一方面,这类短语在某些句中只做数量解释,不具有指称性,并且在做数量解释时,也不必受到主语位置的定指或实指限制。下面是 Li(1998)曾经举过的例句:

(49) a. 两张床挤了五个人,实在是太挤了。
　　 b. 三个保姆就照顾你一个小孩啊?
　　 c. 两三个老师就把那群野小孩控制住了。
　　 d. 三根棍子够你打他吗?

我们在前面 4.4.1 小节的讨论中曾经指出,无定名词短语之所以可以出现在非事态句中的主语位置,是因为这些无定名词短语作为变项受到了非事态句本身所引发的来自算子的约束,其语义解释也因此

---

① 我们认为,能够回答"多少(个)"等类似提问并非只是"三个学生"这类无定名词短语的专利。除光杆名词外,本书涉及的所有各类无定名词短语均有这种用法。
　i. ——你们班有多少人去过北京啊?
　　——所有的人(/每个人/大多数人/不到一半的人/三个人)。
这说明,数量性是我们所界定的所有各类无定名词短语的固有属性之一。另外,根据本书的讨论,所有这些无定名词短语在合适的语境条件下(事态句)既具有数量性,又具有指称性,因此,我们认为尚没有充分的理由把"三个学生"的句法范畴单独区分为 NumP 和 DP。

是类指性的。然而,就(49)各句中的无定名词短语主语来讲,它们显然并不具有类指性,而且,各句显然不是非事态句。但问题是,如果它们都不是非事态句,出现在主语位置上的无定名词短语不可能受到类指算子的约束,那么这些无定名词短语又是何以能够合格地出现在主语位置上,不必遵守主语的有定性或实指性限制了呢?①

在正面回答上述问题之前,先来看 Li(1998)的解释。如前所言,Li 认为(49)中各句主语位置上的无定名词短语只做数量解释,其性质为 NumP,不具有指称性。她还给出了这样两条证据:首先,做数量解释的无定名词短语不能和作用于实指性个体的"有"、"都"一起同现:

(50) a. *有三个保姆就照顾你一个小孩吗?
　　 b. *有三根棍子够你打他吗?
　　 c. *三根棍子都够你打他吗?

其次,只有指称个体的 DP 可以和随后出现的代词共指,句法范畴为 NumP 的数量短语不能。②

然而,根据我们的语感,(49)中的"两张床、三个保姆、两三个老师、三根棍子"等并不是单纯的数量短语,它们在表示数量意义的同时,还具有指称意义。可以作证的是,只要把这些句子置于可能出现的语篇中,Li 所谓的证明它们不具有指称意义的证据都可以成为表明它们具有指称意义的反证。请看:

(51) a. 两张床挤了五个人$_i$,你们$_i$一定没太睡好吧?
　　 b. 三个保姆都啥事不干,就照顾你一个小孩啊?
　　 c. 两三个老师$_i$就把那群野小孩控制住了,你能说他们$_i$没有本事吗?
　　 d. 你不是想找东西来教训他吗?我这里有三根棍子,够你

---

① 本书将在下一章详细讨论汉语主语的有定性或实指性限制问题。
② 遗憾的是,Li 并没有将该测试用于这里所引用的(49)中的各例,她所举的例子是:
　i. 三个人$_i$抬不动这架钢琴。*他们$_i$的力量太小。
　ii. *三个人$_i$吃不完你给他们$_i$的五碗饭。
根据我们前文的分析,这里的 i, ii 两句均为非事态性的类指句,"三个人"具有类指性,当然不可以用代词来回指。简言之,我们不同于 Li 的分析之处在于,我们认为这里的 i, ii 中的数量短语同(49)中的数量短语性质并不相同。

打他吗？

假如我们上面的分析正确的话，接下来我们就要回答前面曾提出的问题，即为何(49)中的各句可以违反主语的定指或实指限制呢？我们的回答是，它们并没有违反主语的定指性、实指性限制。对各句的主语来讲，尽管它们在形式上是无定的，但在语义上却是定指的，或至少是实指的。那么，这种语义上的定指或实指，又是从何而来呢？我们认为是语境，是各句赖以存在的语篇上下文保证了这些无定名词短语在语义上的有定性或实指性。和用于非事态句中的无定名词短语主语句相比，显然它们对语篇或语境的依赖性要强。之所以自然语言会在某些情况下用这种无定形式的名词短语来表达有定性或实指性的概念，这也许是因为这种形式既满足了某种语义表达的需要，同时在形式上又是最经济的。

具体而言，在某些情况下，这些无定名词短语的所指，或是说、听双方尽知的（如 49a 中的"两张床"、"六个人"，49b 中的"三个保姆"），或是只为说话人一方所知，而听话人一方并不知悉，因而不好用有定形式（如 49c 中的"两三个老师"），或是其所指尽在说、听双方的视野之内（如 49d 中的"三根棍子"）。另外，"形式上经济"指的是用最简单的语言形式来表达尽可能多的语义内容。下面(52)中的各句同(49)在语义上是等值的，但显然从形式上不如后者更经济。

(52) a. 那两张床挤了你们五个人，实在是太挤了。
　　　b. 这三个保姆就照顾你一个小孩啊？
　　　c. 那两三个老师就把那群野小孩控制住了。
　　　d. 这三根棍子够你打他吗？

另外，用无定的形式来表达语义上的定指，这其实在汉语中是再平常不过的了[①]。我们曾在第三章详细讨论过光杆名词在事态句中常用来表达定指的方方面面，在此不再赘述。单就这里我们讨论的"数词＋量词＋名词"形式的无定名词短语来讲，也是非常普遍的。再举几例。

---

　　① 应该说，尽管汉语中用无定形式表达定指的现象很普遍，但要遵守一定的条件限制，至少这类句子对语篇或语境具有较强的依赖性。

(53) a. 三个女孩长大后出落得都很标致。
　　 b. 三口人三台电视,你能说他们家的生活水平不高?
　　 c. 三个学生都来这儿了。(该例引自 Li 1998)

然而,话又说回来,既然我们反对李艳惠把"三个学生"的句法范畴作为 NumP 和 DP 两分的做法,那么又应该如何解释这类无定短语在句法分布和语义解释上的多种可能呢?正如前面我们曾在 4.2 所提及的那样,尽管从指称性方面来讲,我们会把"三个学生"这类无定短语看做是弱限定词短语,但它们在某些情况下还可以被视做强限定词短语。此时,作为强限定词短语,"三"被看做是量化词,"三个学生"的所指(如 53c)应具有先设性,理应被映射到限制语中。试对比:

(54) a. 有三个学生来这儿了。
　　　　 $\exists_x [X = \{x | 是学生\} \& |X| = 3 \& X 来这儿了]$
　　 b. 三个学生都来这儿了。
　　　　 三个$_x$[x 是学生][x 来这儿了]

总结以上分析,可得出如下结论:"三个学生"之类无定短语之所以可以出现在事态句主语位置做定指或实指解释,这是因为它们自身就含有一个在条件具备的情况下(即语境条件的满足)就可以用做量化算子的数词"三"。至此,我们也许可以解释为何 Li 会把(49)中的无定名词解释为数量性的。但我们要补充的是,(49)中的无定名词短语不只具有数量意义,还具有指称意义,是实指乃至定指的。

我们之所以反对李艳惠把汉语无定名词短语做 NumP 和 DP 二分的做法,是因为数量义和指称义本是无定名词短语固有的两种语义属性,无法把它们割裂开来。实际句子中的无定名词短语,究竟是表示数量还是指称,本质上只是一个彰显程度问题。一方面,可以说所有具有指称性的名词短语都具有某种数量意义,广义量词理论视所有的名词短语为量化词短语(即 QP)就是出于这样的考虑;另一方面,也可以说所有数量性的名词短语都会具有指称意义。这又可以分为两种情况:如果说前面我们以(49)为例论证了具有数量义的名词短语同时还具有某种指称义(即个指义中的实指或定指)的话,下面的例子则说明了数量性的名词短语还可以同时具有指称义中的类指义。

(55) a. 五个人吃得完十碗饭。(动—得/不—结构)
　　 b. 三个步兵可以带九份口粮。(情态结构)
　　 c. 一张床够三个童子军睡。(够—结构)
　　 d. 三个人不如五个人有力量。(比较句)
　　 e. 三个人做一件事,九个人做几件事?(数学语境)

　　诚然,各句中的无定名词短语的确是做数量解释,这些句子合格的关键在于表达数量。但我们发现,除了表达一种数量配比关系之外,这些句子还表达了另外一层意思,即这种数量配比关系是普遍存在的,属某种规律性的认识。正因如此,我们认为,除数量义外,所有句中的无定名词短语同时也具有类指意义。如果认可类指义属于指称义,那么说这些数量名短语具有指称义也就顺理成章了。

　　不同于我们看法的是,李艳惠、陆丙甫(2002)认为这些名词短语只有数量义没有指称义。我们推测,这也许是因为他们认为指称义只涉及个指中的定指或不定指,类指不属于指称义。陆烁、潘海华(2009)则是把(55)中的各句归为通指句和分配句。就句中名词短语的语义而言,通指也好(即类指),全指也罢,陆烁、潘海华(2009)观察到并强调的都是无定名词短语的指称属性。我们认为,说无定名词短语是表数量,抑或是表指称,反映的只是不同的观察视角,谈不上孰对孰错。但如果我们承认两者同时存在,不同的只是彰显程度有别,这样是否会更接近事实真相,并能解释这种视角差异呢?

　　我们之所以反复强调数量义和指称义通常只是彰显程度的不同,原因之一是,在一些不太典型的语境中,恐怕很难分清楚无定名词短语是单纯做数量解释还是类指解释。语感上,"一人得道,鸡犬升天"、"三人行必有我师"中的无定短语似乎更倾向于类指,"三个人做一件事,九个人做几件事"类似数学语境中的无定短语则显然更倾向于表示数量,这都没有问题。但在"人人都知道一个人有两只手,两只脚"中,能决然地说"一个人"仍只做数量解释、不具有类指性吗?坚持说只具有数量义,看重的只是句中所含的数量配比关系,但我们总觉得这种数量配比关系,或者说数量义,已不像在数学语境中那样纯粹了。

　　话说至此,我们想到蔡维天(2002)曾观察到"一＋量词＋N"和

"其他数词＋量词＋N"在主语位置的定指或实指限制方面具有不同的表现：

(56) a. 昨天一个人来找过你。
　　 b. ?? 昨天三个人来找过你。
(57) a. 一个可怜兮兮的人来找过你。
　　 b. ＊三个可怜兮兮的人来找过你。
　　 c. 昨天三个可怜兮兮的人来找过你。
　　 d. 三位来自哈尔滨的顾客一下子把所有的彩票都买走了。
(58) a. 某一个人来找过你。
　　 b. ＊某两个人来找过你。
　　 c. ＊某三个人来找过你。
　　 d. 某些人来找过你。①

蔡维天指出,把(56a)、(57a)中的数词"一"换成(56b)、(57b)中的其他数词,句子的合法度有下降的趋势；(58)中各句的合法性对立则表明,只有"一"能和"某"这个典型的实指限定词连用。基于此,蔡维天得出如下结论：

"一"其实在词汇层次上就有殊指(相当于我们所说的实指)的特性,只是这种性质是隐性的,而非显性的：亦即需要外在的因素来诱发,像(56a)(序号有改动,下同。引者注)中的时间状语"昨天"和(57a)中的修饰语"可怜兮兮的"便是很好的例子。若是数词本身没有潜在的资质,那么即使援引补救的措施也无济于事,(56b)、(57b)便是很好的例子。

"一＋量词＋N"和"其他数词＋量词＋N"性质的区别果真如蔡维天所说吗？接下来我们从语言事实和理论分析两方面试着对蔡维天的观点进行讨论。

首先,根据语感,我们并不认为(56)、(57)中的 b 句较之相应 a 句的合法度降低。相反,(56b)、(57b)完全是合格的句子(如果重读数词

---

① 除(58d)外,例(56—58)中的各句均引自蔡维天(2002),各句合格性标记为原作者所加。

"三",合法度会更高)。再者,"其他数词+量词+N"也并不像蔡维天所说的那样"即使援引补救的措施也无济于事",(57c,d)理应是合格的句子。对于(58)中的 b,c 两句,我们和蔡维天的语感相同,认为它们是不合格的。但我们对此还想补充的是,并非是唯有"一"才可以和"某"连用,表示约数的"些"同样也能和"某"连用,有(58d)为证。

理论分析方面,我们的假设和蔡维天恰恰相反。我们认为,"其他数词+量词+名词"同"一+量词+名词"一样,它们都具有所谓潜在的实指的资质。如前所言,尽管"数词+量词+名词"结构作为弱限定词短语,它们不能自由地出现在事态句的主语位置,但在语境条件具备的情况下,它们所含的数词也可以用做量化算子,使整个无定数量短语映射到限制语中,造就其先设性的解读。也就是说,"数词+量词+名词"都具备实指性的资质,和其他强限定词短语相比,只不过它们的这种资质是隐性的,额外需要外在因素的诱发。那么,"一+量词+N"和"其他数词+量词+N"是否在此方面就没有什么差别了呢?有差别,但我们并不像蔡维天认为的那样"一"具有潜在的实指性资质,其他数词不具有这种资质,相反,我们认为倒是其他数词短语较之"一"更具有实指的潜在资质,"一"反而更不具备这种资质,似乎这也同一般认为的"一"有虚化趋势的观点不谋而合。另外,我们的这种看法似乎也有经验上的证据:①

(59) a. ? 我们班一个同学获得了一等奖。
　　　b. 我们班三个同学获得了一等奖。

应该如何解释"一"同其他数词在(58)中所表现出来的对立呢?我们认为,"某"可以和"一"连用,不可以和"二、三"等其他数词连用,这并不能说明前者具备实指的资质,而后者不具备。恰恰相反,这只能说明后者的实指性资质较之前者更强。其他数词本身就可以作为量化算子构成量化短语,当然也就没有再用"某"的必要。相反倒是由于"一"作为数词有了虚化的倾向,使之实指性的资质得以降低,需要"某"的出现来使之具有实指性。

---

① 类似的证据另请参看 4.3.3 小节例(23)的注释。

4.5 小　　结

　　在本章,我们首先介绍了广义量词理论对不同性质的无定名词短语的语义描写,指出,根据它们自身的语义差异,可以分为强限定词短语和弱限定词短语两类:前者在语义上表达的是两个集合间的隶属关系,后者表达的是交集关系;前者先设所指客体的存在,后者则并不先设所指客体的存在。同时,它们在语义上的这种差异也导致了在句法分布上的不同:典型的强限定词无定名词短语可以出现在"限定词＋名词短语＋谓语"句式中,不可以出现在"有＋限定词＋名词短语＋谓语"句式中,而弱限定词短语则恰恰相反。另外还指出,无定名词短语的这种强、弱之别只是一种程度上的不同,两类限定词的切分也并非是简单的二分,更多地表现为一种程度上的序列。

　　在对无定名词短语自身的语义差异做出了初步描写的基础上,本章接下来从句法—语义的接口角度,重点对无定名词短语在句子中的分布和解释展开了讨论。在对 Kamp-Heim 理论、映射假说、扩充映射假说等有关无定名词短语的理论进行评介,并指出其优势和缺陷的基础上,着重围绕着某些核心问题对无定名词短语在句子中的种种可能的语义特征进行了考察,做出了初步的解释。这些问题包括:无定名词短语在非事态句中的语义解释;情态动词对无定名词短语主语句合格性的影响;无定名词短语在主宾语位置上的不对称;谓词性质对无定名词短语语义的影响;无定名词短语的双重语义属性。总结本章,我们得出如下主要结论:

　　一、无定名词短语的语义(或称语义特征)包括指称性和量化性两个方面,指称和量化是其固有的两种语义属性。句中无定名词短语的指称、数量解释,并非是非此即彼的互补关系。它们同时并存,只不过是一种为强势解释,一种为弱势解释。

　　二、根据所含限定词在指称性方面的强弱之别,无定名词短语可以分为强、弱两类。由于强限定词无定名词短语先设所指客体的存在,具有实指性,因此可以自由出现在话题、主语位置。对弱限定词无定名词短语来讲,由于它们并不先设所指客体的存在,对句子的语义贡献只是引入变项,而作为变项又必须受到约束,因此它们若要合格地出现在句中需满足一定的条件,即必须有算子对其进行约束。因此,汉语主语、话题的定指或实指限制说到底还是归因于变项必须受约束。

三、主、宾语在句法位置上的不对称是导致汉语主语定指或实指限制的根源所在。在由句法到语义的映射中,主语被映射到限制语,宾语被映射到核域,且能够避免变项未受约束的最后补救措施存在封闭只能应用到 VP(或 v'),因此,在句中没有其他算子出现的情况下,作为变项的弱限定词无定名词短语可以出现在宾语位置,但不能出现在主语位置。

四、情态动词在是否能够造就合格无定名词短语主语句方面的差异,在更深层次上体现的还是事态句和非事态句的不同。之所以"可以"等表示客观可能性的情态动词能够允准无定名词短语做主语,而表示主观意志性的"敢"等情态动词不能,原因就在于前者所出现的句子为非事态句,后者所在的句子为事态句,而且只有非事态句才能引发类指算子,并完成对出现在主语位置上的无定名词短语变项的约束。

第五章　无定名词短语的句法分布

5.1 引　　言

在前面一章,我们对汉语无定名词短语的语义进行了讨论,得出了一些初步的结论。应该说,以上讨论和结论是建立在如下两个基本假设之上:一是事态句和非事态句的区分,一是无定名词短语自身的歧义属性。我们认为,这两方面是决定无定名词短语语义解释的关键因素。同样,立足于以上假设,本章我们将集中考察汉语无定名词短语的句法分布。分两个方面:一是无定名词短语的主语限制;一是无定名词短语和"都"的同现规律。

5.2 无定名词短语的主语限制

自 Chao (1968)、Li & Thompson (1981)、朱德熙(1982)、刘月华(1983)等提出"汉语主语有一种强烈的定指倾向",范继淹(1985)继而对这种倾向提出质疑之日起,围绕汉语主语有定性的讨论就一直没有停歇过。Jiang, Pan & Zou (1997)、Xu (1997)、Li (1998)、Tsai(蔡维天)(2001;2002)、李艳惠、陆丙甫(2002)、刘安春(2003)、王灿龙(2003)、沈园(2003)、邓思颖(2003)、黄师哲(2004)、张新华(2007)、熊仲儒(2008)、陆烁、潘海华(2009)、文卫平(2010)等都专题讨论过此问题。总的看来,学者们普遍认同汉语主语位置存在着一定的限制,但对于这种限制究竟是什么,是句法的、语义的还是语用的,则是智者见智,莫衷一是。本节旨在以上研究的基础上,从存现句的语义、句法结构以及无定名词短语的语义表达功能出发,重新审视、研究这一问题。

5.2.1 事态句和非事态句的区分

范继淹(1985)、Jiang, Pan and Zou (1997)、Xu(1997)等很多学者均曾对所谓"汉语主语倾向于是定指的"之说法进行过质疑。我们认为,虽然说"汉语主语倾向于是定指的"之概括有失笼统、偏颇,但如果说汉语的主语没有任何限制,这也不符合汉语的事实。大量的语言事实说明,汉语的主语位置确实存在着一定的语义限制,但究竟这种限制是什么呢? 我们认为,事态句和非事态句的区分、无定名词短语自身在指称性和数量性方面的双重属性是厘清对这种限制认识的关键。有关无定名词短语指称性和数量性的讨论参见前面的 4.4.5 小节,此处不再赘述。因此我们此处的讨论将从事态句和非事态句的区分开始。我们的基本观点是:在事态句中,鉴于事态论元的限制,充当主语的名词短语在语义上一定是实指的,尽管并不一定是定指的;在非事态句中,由于句中显性或隐性算子对无定名词短语变项的约束,无定名词短语可以出现在主语位置,其所指多倾向于是类指的。Jiang, Pan and Zou(1997:18)曾指出,人们之所以会倾向性地认为无定名词短语主语或"把"之宾语是实指的,是因为无定名词短语在大多数情况下都和某种情景相联。用我们的话来讲,是因为它们都受到了事态论元的限制。下面是他们举过的一些例句:

(1) a. 说真的,一个人多年重复一件事,哪怕这种事极富魅力,总让人悄悄产生一种逆反心理。
  b. 从法律上讲,一个中国公民从一出生就享有公民权了。
  c. 按匈牙利的有关法律规定,一个有限公司的股东最多不超过十人。
  d. 一个人有两只手。
  e. 把一个关键的零件上错了是一项重大的责任事故,所以你要非常小心。
  f. 一个禁锢科学自由的国家一定会灭亡。

(2) a. 一个同行不明白我为什么多加一个形容词"多次",追问道……
  b. 这两个系统的弹壳形成机制有本质区别。一个与鸟类弹壳的形成基本相同,一个则与鸟类和现代爬行类的都不相同。

(1a—f)都是非事态句,事态论元不出现,无定名词短语都是类指的。相反,在(2a,b)中,由于事态论元出现,且对无定名词短语具有限制作用,因而它们都是实指的。

总之,对事态句和非事态句的区分,能够使我们从宏观上把两种不同性质的无定名词短语主语句区分开来,使我们把对无定名词短语主语限制的考察严格控制在事态句中,从而有助于进一步认清无定名词短语主语限制的真实面目。

5.2.2 事态句中无定名词短语的主语限制

在区分了事态句和非事态句之后,我们接下来要讨论的问题是,为何同是在事态句中,有些无定名词短语出现在主语位置是合法的,而另有一些却是不合法的?也就是说,我们要考察的问题是,究竟是哪些因素在制约着无定名词短语能够合格出现在主语位置上。

5.2.2.1 可识别性(identifiability)因素

Fodor & Sag(1982:359)曾论述英语无定名词短语自身的描写丰富性与名词短语的语义解释密切相关,这无论是对主语位置还是宾语位置上的无定名词短语都是一样:

(3) a. A student that Betty used to know in Arkansas cheated on the exam. (倾向于实指)
　　b. A friend of mine cheated on the exam. (倾向于实指)
　　c. Someone cheated on the exam. (倾向于虚指)

(4) a. Sandy didn't see a squirrel that was chasing its tail around the oak tree. (倾向于实指)
　　b. Sandy didn't see a squirrel. (倾向于虚指)

可见,名词短语在语义上是实指的,还是虚指的,的确与其自身的描写内容直接相关:语义内容越丰富,越倾向于是实指,反之则倾向于是虚指,这应该是自然语言普遍具有的规律。但英汉语的不同在于,对英语而言,名词短语的实指、虚指,即可识别性程度,不会对句子的合格性造成影响,但汉语却要求主语位置上的无定名词短语必须是实指的,名词短语自身的可识别性程度与句子的合格性程度密切相关。①试对比:

(5) a. *一个人在本店买了一台钢琴。
　　b. ??一位顾客在本店买了一台钢琴。
　　c. 一位来自哈尔滨的顾客在本店买了一台钢琴。
(6) a. 昨天有一个人死了。
　　b. *昨天一个人死了。
　　c. 昨天一个恶贯满盈的人死了。

对(5a—c)、(6a—c)来讲,为何同样是无定名词短语出现在主语位置,但它们的合格性程度却不相同? 显然,这与句中不同名词短语自身的描写内容相关,而这种描写内容的丰富性体现的正是它们自身的可识别性程度。徐烈炯(2002)也曾指出,"定语(相当于上面提到的描写内容)加得越多就越容易把该名词看做是有定的,特指的(相当于本文的'实指'),于是就可以充当话题。"

范继淹(1985)曾讨论过如下一些在无定名词短语主语句中不能加"有"或不宜加"有"的例子:

(7) a. 在湖边散步的一对青年男女闻讯赶来。
　　b. 英国建造的一艘远洋货运快速帆船,将于今年3月开始使用……
　　c. 从王府井北口到南河沿北口的三百米长的街道上,79个国营、集体和个体的99个摊车沿街北侧一字排开。
　　d. 我的一个同事在这里订了一个双层的结婚蛋糕,花了20多元呢!
　　e. 美国一位能源专家新近设计制成了一种减少耗能的新型冰箱。
　　f. 从北京开出的一列特别快车在早春的晨雾中飞驰。

---

① 黄师哲(2004)认为,英汉语这种对主语位置的不同要求,是英文使用时态限制事态论元而中文利用状语或是有定名词短语主语限制事态论元的结果。另参见本文的有关讨论。

(8) a. 一位来自哈尔滨的顾客在本市买了一台钢琴。
　　b. 有一位来自哈尔滨的顾客在本市买了一台钢琴。

根据范文的观察,凡是数量词属于"内层结构"(即数量词和中心名词组成一个整体)的用例都不能或不宜转化为"有"字句,如(7a—f);而数量词属于"外层结构"(即数量词后的修饰语和中心名词组成一个整体)的用例则不受此约束,如(8)。我们认为,范先生的这种观察,恰恰反映了主语位置对无定名词短语可识别性程度的要求:当无定名词短语前有修饰语出现时,整个短语的可识别性程度增强,从而可以出现在事态句的主语位置,同时也使得"有"的出现不必要或不可能。反之,当无定名词短语前没有修饰语时,其可识别性程度有所降低,从而使得"有"出现的可能性或必要性大大增强。①

Xu(1997:28)也曾讨论过类似现象,指出可识别性的强弱和无定名词短语主语句的合格性之间具有内在的联系,表现出一种连续性:

(9) a. ??? 一个人来了。
　　b. ? 一个学生来了。
　　c. ? 一个三年级学生来了。
　　d. 一个高高的、瘦瘦的三年级学生来了。②

总结以上观察,我们可以得出如下初步结论:无定名词短语自身的可识别性程度与无定名词短语主语句的合格性关系密切。无定主语所含的修饰语越丰富、信息越多,即可识别性程度越高,做主语的可接受性就越大。

然而,在此我们认为需要强调的是,对这类句子可接受性的差异应全面地来看。一方面,无定主语内含修饰语越丰富,句子的可接受性的确会越高。但这里我们更想强调问题的另一面,那些因数量名主语不含修饰语或修饰语不够丰富造成的问题未必只能靠增加修饰语来弥补。"一个人"、"一个学生"、"一个顾客"等并非绝对不能出现在

---

① Jiang, Pan & Zou (1997:14)曾指出,"有"出现的句子强调的重点不是特定的一个,而是至少存在一个,当然,如果事实上存在着两个或多个满足句子真值条件的个体,句子仍然成立。也就是说,"有"强调的只是无定名词短语所指的存在性。

② Xu 原文为该句打上了问号,但我们的语感认为此句是合格的。

主语位置。

　　对一个脱离了上下文语境的孤立的句子而言,多数情况下它既可以被看做是主题判断句,也可以被看做是非主题判断句(即存现句)。前者不允许无定主语,但后者却不然。正因如此,例句(5)、(6)、(9)"问题句"中的"问题"也应从两方面来看,应分别考察将其视为主题判断句和存现句两种情况,对"问题"的修补也应从两方面来进行。

　　一方面,先看为何丰富的修饰语会增加句子的可接受性。应该说,我们前面得出的初步结论,都是基于将其视为主题判断句而做出的。将其视做主题判断句,无疑会认为那些在主语位置上使用了简单形式的无定名词短语的句子会很糟糕,因为主题判断句要求其主语必须有明确的所指。相反,当无定名词短语自身所含的修饰语越来越丰富时,由于其信息性增强,容易被说听双方识别出来,语义上会更倾向于被看做是实指的、定指的,因此也就会增强其作为主题判断句主语的可接受性。

　　另一方面,我们认为,增加这类句子的可接受性,还有一种手段。

(10) a. ? 一个人来了。
　　　b. ?? 这时,一个人来了。
　　　c. 他们俩正密谈的时候,一个人来了。
　　　d. 来了一个人。

　　王灿龙(2003)指出,对(10a)而言,即使在前面加上一些附加成分,如(10b),句子仍很别扭。我们认为,说(10a)始终不可接受太过绝对。相反,如果语境条件合适,不含修饰语的"一个人"完全可以出现在主语位置,如(10c)。那么这种使句子的可接受性发生变化的语境条件又是什么呢?我们认为,"一个人来了"可接受的关键是(10c)中的时间分句使其成为了典型的存现句。当然,造就存现句,未必只依靠构建上下文语境的语用手段来进行,(10d)通过句法手段同样也可以达到此目的。可见,是否将"一个人来了"这类句子视做存现句是判断无定名词短语能否出现在主语位置的关键所在。之所以学界在判断这类句子的合格性方面存有语感差异(熊仲儒 2008),也许正源于此。

　　接下来我们还想强调指出,对无定名词短语主语而言,也并非是可识别性越强句子的可接受性就越高。沈园(2003:214)在讨论光杆无定主语句时曾指出,做无定解释的光杆主语一般比较倾向于出现在主语除光杆名词中心语外没有修饰成分且谓语也没有修饰成分的句子里。

(11) a. ——老王家怎么了?
　　　——小偷把他养的鸡吃掉了。
　　b. 小偷津津有味地把老王养的鸡吃掉了。
(12) a. ——怎么那么多人围在那里?
　　　——小孩掉河里了。
　　b. 小孩扑通一声掉河里了。

两例中的"小偷"、"小孩"在 a 句中倾向于无定,而在谓语带了修饰成分的 b 句中则倾向于定指。有趣的是,当将不带修饰语的无定短语用于 a 句时句子依然成立,而换做带修饰语的无定短语时句子却不好。

(13) ——老王家怎么了?
　　　——a. 一个小偷把他家养的鸡吃掉了。
　　　　　b. ? 一个穿着体面的小偷把他家养的鸡吃掉了。
(14) ——怎么那么多人围在那里?
　　　——a. 一个小孩掉河里了。
　　　　　b. ? 一个父母双亡、衣衫褴褛的小孩掉河里了。

先看(11)、(12)中光杆名词在语义解释上的对立。受提问句的影响,a 中的答句都是在描述一个发生了的事态,属典型的存现句。句中的光杆名词主语"小偷、小孩"连同其后的谓语部分都属新信息,语义上理应做无定解。有别于此,由于谓语修饰成分的出现,(11)、(12)中的 b 句读来却更像是主题判断句,光杆名词主语相对于谓语部分来讲属旧信息,语义上倾向于做定指解理所当然。再看(13)、(14),受提问句的影响,答句属存现句,因此使用了不带修饰语、做无定解的数量名短语的 a 句都是合适的。相反,使用了修饰限制成分的数量名短语反而出现在存现语境中时不太合适。可见,无定主语的修饰语越丰富、信息性越强,句子的可接受性就越大,很大程度上只是针对主题判断句来说的。①

那么,应该如何解释无定名词短语可识别性的强弱与句子合格性程度的这种联系呢?根据映射假说,在对句子进行语义解释的句法—语义映射中,主语只能被映射到限制语中,而映射到限制语中的名词性成分必须能够先设其所指客体的存在性,这样一来,可识别性程度与句子合格性的关系就昭然若揭了:可识别性程度高的名词短语能够先设所指客体的存在性,当然可以合格地出现在主语位置;而可识别性程度低的无定名词短语由于不能先设其所指客体的存在,自然也就不能被映射到限制语中,无法造就合格的无定名词短语主语句。至于为何可识别性程度低的无定名词短语可以出现在存现句的主语位置,下文会有相关讨论。

另外,事态句中对无定名词短语主语的可识别性程度要求还可以从下面两种结构中得到证明。

一般来讲,出现在宾语位置的无定名词短语既可以是实指的,也可以是虚指的,但在有些结构中,宾语只能是实指的。这至少涉及如下两种结构,一种是自身含有边界的谓词(Sybesma,1992):

(15) a. 我吃完了一块饼干。
   b. 我喝完了一碗汤。
   c. *我吃完了块饼干。
   d. *我喝完了碗汤。

另一种是含有次级谓词的结构(secondary predication)(Huang, 1987;Tsai,1994):

(16) a. 我教过一个学生很聪明。
   b. 他写过一本书很有意思。
   c. *我教过个学生很聪明。
   d. *他写过本书很有意思。

---

① 提请注意的是,我们说存现句的主语可以是不含任何修饰语的无定名词短语,这并不代表定指的名词短语不可以做存现句的主语。如下面的 i,ii 两例分别可以出现在(13)、(14)中的答句中。

i. 他父亲去世了。
ii. 倪萍在签名售书。

如何解释这两种结构对处在宾语位置上的无定名词短语的实指性要求？从事态语义的角度来看，它们都包含了复杂的事态结构，且在第二个子事态中，无定名词短语是次级谓词（即(15a)中的"完"，(16a)中的"很聪明"）的述谓对象，即无定名词短语在该子事态中处于逻辑上的主语位置，因此必须是实指的。由此，似乎我们可以得出这样的结论，汉语事态句主语位置上的无定名词短语未必是定指的，但必须是可识别性程度比较高的，是实指的。

5.2.2.2 谓词因素

本小节要讨论的问题是，除可识别性因素外，汉语事态句中对具有相同可识别性的同一无定名词短语来讲，为何还会存在有些句子合格，而另有些句子不合格的对立？换言之，除了无定名词短语的可识别性程度因素外，还有哪些因素会影响无定名词短语主语句的合格与否？

在讨论汉语无定主语的限制时，学者们普遍认同，谓词性质是一个重要的因素。如瞬时性谓词允许无定主语，而恒常性谓词不允许无定主语（熊仲儒2008）。

(17) a. 一个小孩在慢慢地跑着。
　　 b. ?? 一个小孩跑得很慢。
(18) a. 一个人来了/正在念书。
　　 b. *一个人很聪明/高。

诚如这类句子所示，谓词性质的确会影响无定主语的可接受性。但是否瞬时性谓词都允准无定主语呢？王灿龙（2003）曾给出如下例句：

(19) a. *一个人打他了。
　　 b. *一个小偷掏包了。
　　 c. ?一个流浪汉哭了。
(20) a. 一个人在等他。
　　 b. 一个小偷被吊在树上。
　　 c. 一个流浪汉躺在草地上。

两组例句中的谓词均属阶段层面谓词，但为何可接受性又有如此的反差呢？最直接的解释办法就是将阶段层面谓词再进一步细分。王灿龙(2003)就是这样一种思路：(19)中的谓词都是动作动词，(20)中的谓词都是状态动词。状态动词较之动作动词之所以更容易促成无定主语句，是因为动作动词的可及度和个体化程度高，一般的简单无定难以与之匹配；而状态动词的可及度和个体化程度低，正好与简单无定短语相容。可引以为证的是，如果削弱动词的动作性，将动作状态化，那么可以提高句子的可接受性：

(21) a. 一个人使劲地打着他。
　　 b. 一个小偷在掏包。
　　 c. 一个流浪汉一边哭还一边跳舞。

我们认同状态动词较之动作动词更容易造就无定主语句。但这似乎仍不是问题的根源所在。因为即便是动作动词，在一定的语境中，仍然可以生成合格的无定主语句。

(22) a. ——张三为什么哭啊？　——一个人打他了。
　　 b. ——公交车为什么中途停了？　——一个小偷掏包了。

语感上，我们认为(22a,b)是完全可以接受的句子。接下来的问题就是要解释究竟是什么因素制约着无定主语的可接受性。我们认为，这个限制条件就是存现句。其实，(22)中的问句本身就已经暗示了答案。为什么本不好的(19a,b)在特定的语境中就变得可以接受了呢？"张三为什么哭啊"问的是原因，也可以诠释为是问"什么事态的发生导致了张三的哭"；同理，"公交车为什么停"问的也是"什么事态的发生导致了公交车的停"。(22)合格的关键就在于前面的问句为其提供了描述一个发生了的事态的语境，使其成为存现句。

话说至此，不禁要问，既然制约合格无定主语句的条件是存现句，为何有时会表现为恒常性谓词与瞬时性谓词或动作动词与状态动词的对立呢？换言之，我们能否用存现句条件来统一解释呢？对恒常性谓词而言，道理很简单，因为由它构成的句子语义上表达的一定是主题判断，即先确认一个实体对象然后再陈述它的某种性质，这同把一个事态或状态作为整体来描述的存现句是不同的。对瞬时性谓词句而言，语义上表达的既可以是主题判断，也可以是存现事态,但只有后一种情况才可以允准无定主语。不同于主题判断的是,存现句既然表示某个事态的存在、发生或消失,那么在说话人大脑中整个事态是作为一个整体而存在的。作为事态参与者之一的主语,此时并不作为既定明确的个体独立存在于大脑中,而只是这个整体事态的一部分,是通过认知事态才被引入的(参见陆烁、潘海华,2009 及相关引文)。正因如此,只有存现句的主语才可以允准无定。可见,无定主语的合格与否,虽与谓词的性质密切相关,但根源还在于句子是否为存现句。

5.2.2.3 话题因素

很多学者提到,句首某些"话题"成分的存在能够增加无定主语句的可接受性。先看例句:

(23) a. 北京 30 个青年访问了日本。
b. 刚刚一个人来找你。
c. 昨天一个工人从窗口掉了下来。(Lee,1986:82)
d. 扑通,一只青蛙跳进水里。
e. 陈才福正在吃惊,两匹快马飞奔而来。(范继淹,1985)
f. 我们刚摆好桌子准备吃饭,一位客人来了。
g. 会场的气氛紧张得令人窒息。突然,一个女青年笑了。

这些句首成分对句子可接受性的作用在于,去掉后句子的可接受性会大打折扣。但这些句首成分的身份性质毕竟差别太大,我们对将其统称为话题心存疑虑。那么又是什么原因使这些不同身份的句首成分具有了相同的作用,造就了合格的无定主语句呢?

我们认为,正如前面讨论中的提问句一样,这些句首成分都为后面的无定主语句铺垫了一个存现语境。(23b, c, e, f, g)各句的情况比较类似,无论是时间副词、名词,还是时间状语小句,它们都能自然地引出一种存现状况。再看(23a),语义上大致可以分析做"北京发生了一件什么事情"。也正因如此,该句"北京"后的部分理应是存现结构。有趣的是(23d),句法范畴上,恐怕只能将"扑通"看做拟声词,称其为话题实在勉强。然而,却仍然可以将它的作用概括成为后续句创造一个存现语境:伴随"扑通"一声响的自然是某个事态的发生。

综上所述,虽然无定主语句的合格性的确会与无定名词短语自身的可识别性程度、谓词性质、某些句首成分的存在等因素密切相关,但这都不是问题的根源所在。我们试图要说明的是,真正决定事态句中无定名词短语能否出现在主语位置的关键,还是在于句子在语义上是主题判断句还是存现句。简单来讲,主题判断句的主语只能有定(或实指),存现句的主语可以无定。

5.2.2.4 无定主语的句法允准

如果说以上讨论主要是从语义或语用角度来对制约无定主语的条件进行解释的话,本节从句法的角度解释为何是存现句而不是主题判断句,可以允许无定主语句。

(24) a. 主题判断句

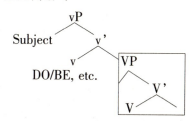

b. 存现句

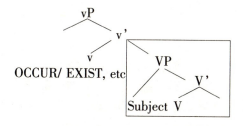

如(24a,b)所示,我们假定,对应主题判断句和存现句在逻辑判断类型上的不同,其句法结构也呈现出明显的对立。在主题判断句(24a)中,反映句子所表达事态类型的是轻动词 DO、BE 之类;而在存现句(24b)中,则是 OCCUR、EXIST 等。黄正德(2007)指出,所有动词分属非作格与非宾格两个系列,这两个系列代表着一切事态的两大类型。主题判断句与存现句的两分和非作格系列与非宾格系列的两分,其基本精神是一致的(隋娜、王广成,2009),两者都是根据事态类型对句子分类。如果以上假设成立的话,我们这里更关心的问题是,

这两种句子类型又是如何在允准无定主语方面表现出差异的？

在对句子主语位置的 NP 进行语义解释时，主题判断句的主语 NP 和存现句主语 NP 所处的位置是不相同的：前者处于[spec vP]，而后者处于[spec VP]。根据 Diesing（1992:9—10）映射假说（Mapping Hypothesis），只有 VP 内的主语能够映射到核域，受到存在封闭（existential closure）的约束。因此，对自身为语义变项的无定名词短语来讲，当其在[spec VP]位置接受语义解释时，由于受到存在封闭的约束，可以造就合格的无定主语句；相反，当其在[spec vP]接受语义解释时，由于无从受到存在封闭的惠顾而导致变项不受约束，造成句子不合格。总之，主题判断句与存现句语义上的对立，在句法上表现为前者的主语在[spec vP]，后者的主语在[spec VP]，语义和句法是吻合的。

5.2.2.5 小结

基于前面的讨论，我们得出的结论是：汉语含有无定名词短语主语的事态句的合格性，取决于无定主语所引入变项的受约束与否。对自身实指性程度很强的无定名词短语主语而言，由于它们自身先设所指客体的存在，从而在进行语义映射时完全可以被映射到限制语中。也就是说，和有定名词短语主语一样，它们既然已经具有了强实指性，对句子的语义贡献已不再是引进逻辑变项而是引入逻辑常项了。相反，对自身实指性程度相对较弱的无定名词短语来讲，它们语义上无法先设客体的存在，当然也就无法被映射到限制语中，也因此无法受到约束。对这类无定名词短语主语句来讲，句子的合格性取决于所属的逻辑判断类型。如果是主题判断句，由于无定名词短语主语引入的变项无法受到约束而造成句子的不合格；如果是存现句，则会因为无定名词短语主语引入的变项能够受到存在封闭的约束而合格。总之，句子的逻辑判断类型、变项受约束等因素是早就合格的无定名词短语主语句的根源所在。

5.3 无定名词短语和"都"的同现规律

本章伊始，我们曾言及无定名词短语自身的歧义属性也是造成其纷繁复杂的句法分布特点和语义解释的重要因素之一。① 在上一节，我们主要是从事态句和非事态句区分的角度，对汉语事态句中无定名词短语主语的限制条件进行了考察。在本节，我们将立足于无定名词短语自身的歧义属性，通过考察不同类型的无定名词短语和"都"的同现规律，来进一步揭示它们在句法分布和语义解释上的规律。我们的观点是，汉语无定名词短语和"都"的同现情况与不同类型的无定名词短语的实指性程度密切相关：对实指性强的一类无定短语来讲，"都"在大多数情况下必须出现；对实指性最弱的一类无定名词短语来讲，"都"不能出现；对实指性程度表现为中等的各类无定名词短语来讲，"都"可以自由出现，但会得出不同的语义解释。

5.3.1 是对个体的量化还是对事态的量化："都"出现的条件

上世纪末本世纪初，关于"都"的语义及分布规律的研究曾一度成为海内外汉语语法研究者共同关注的一个焦点。Lee（1986），Liu（1997），Lin（1996），Cheng（1995），Huang（1996），Mok Sui-Sang & Rose（1997），Zhang（1997），詹卫东（2004），袁毓林（2004；2005）等均曾就有关"都"的语义性质和分布规律进行过专门的讨论。总的来讲，学界对"都"的句法、语义特征的主要认识如下（Mok Sui-Sang & Rose，1997）：

（1）出现在动词前。

（2）和一个量化短语相关，且量化短语总是在"都"的左侧。

（3）"都"可以是量化性的，相当于全称量词；可以是分配性的，相当于英文中的 each。

（4）受"都"限制的名词短语均为复数，包括在某些情况下暗含复数，如"（连）李四都来了"。

（5）如果表全称、分配的名词组出现在动词前，必须出现"都"，否则句子不合格。

---

① 行文至此，对我们所谓的无定名词短语的歧义属性，应该做宽泛的理解，至少应包括三方面的含义：一是语义上的指称性和量化性；二是所含限定词的强弱之别；三是实指性程度的不同。三方面存在着密切的联系。

传统上,人们一般把复数性名词短语的出现看做是"都"出现的前提。然而,继 Huang(1996)等之后,一种代表性的观点是把"都"出现的条件概括为:含有"都"的句子必然涉及两个以上的事态。这种由把"都"的语义看做是对所含复数名词的量化到看做是对复数性事态的量化的转变,主要是基于如下的证据。

Lee(1986:58)曾指出,作为分配性量化词的"都"不能和对称性谓词(symmetric predicate)同现,即便可以,谓词也不再是对称性的了。

(25) a. 张三和李四长得很像。
　　 b. *张三和李四长得都很像。
　　 c. 张三、李四和王五长得都很像。
　　 d. 张三和李四都很聪明。

(26) a. 张三和玛丽明天结婚。
　　 b. 张三和玛丽都明天结婚。

基于(25a,b)的合格性对立,Lee 认为对称性谓词"像"不能和"都"同现;同时,基于(26a,b)语义上的差别[①],Lee 认为如果对称性谓词(如"和……结婚")可以和"都"同现,那么谓词的性质就会改变,即不再是对称性的了。然而,问题是当处于主语位置上的复数名词短语的基数超过两个时,如(25c),对称性谓词可以和"都"出现,而且其对称性质似乎也没有什么改变。当然,这里的讨论,仅限于对称性谓词。对含非对称性谓词的句子而言,如(25d),就不存在此类问题。

为了便于讨论,我们把(25)、(26)中各句的逻辑表达式分别表述如下:

(27) a. ∃e[很像(e) ∧ Theme (e,张三,李四)]
　　 b. =(27a)
　　 c. ∃e[很像(e) ∧ Theme (e,张三,李四)] ∧ ∃e'[很像(e') ∧ Theme (e,张三,王五)] ∧ ∃e''[很像(e'') ∧ Theme (e'',李四,王五)]

---

① (26a)说的是张三和玛丽成为夫妻,(26b)说的是张三和玛丽各自同别人结婚,如张三娶了王静,玛丽嫁给了李四。

d. ∃e[聪明(e) ∧ Theme (e，张三)] ∧ ∃e'[聪明(e') ∧ Theme (e'，李四)]

(28) a. ∃e[结婚(e) ∧ Theme (e，张三，李四)]

b. ∃e[结婚(e) ∧ λx [Theme (e，张三，x)]] ∧ ∃e'[结婚(e') ∧ λy [Theme (e，玛丽，y)]]

从以上含有事态论元的各句的语义表达式中不难看出：首先，在所有"都"出现的合格的句子中，句子的语义都包含了一个以上的事态，如(27c，d；28b)。在(27b)中，只含有一个事态，"都"的出现不合格。其次，对称性谓词和一般谓词的区别在于：对前者而言，在同一事态中要求由成对的个体充当某一题元角色（如 Theme）；对后者而言，充当事态的某个题元角色的是单独的个体（不排除由个体组成的集合）。

有鉴于此，我们有理由相信，无论是表示全称量化，还是表示分配性，"都"量化的对象并非是句子表层中的名词短语，而是句中所含的事态论元。因此，"都"的能否出现，关键是看句子中包含的是一个事态论元，还是多个事态论元。只有在后一种情况下，"都"才可以出现。

由此可见，"都"在事态句中出现的关键是句子所含事态论元的个数。Huang (1996:10)视"都"的语义为一个作用于事态论元的相加算子，该算子应用的基本条件是复数性的最小事态（a plurality of minimum eventuality）[①]。当然，何为最小性的事态，终究还是由谓词来决定：对分配性谓词（distributive predicate）来讲，如"聪明、怀孕、走路"等，一个最小性的事态只要求一个实体（entity）论元就够了；对于对称性谓词来讲，如"很像"、"结婚"、"遇见"，最小性的事态要求其实体论元必须是成对的；对于群体性谓词（collective predicate）来讲，如"包围"等，最小性事态可能要求其实体论元必须是由多个个体实体组成的集合。可见，之所以传统上人们会把"都"的出现条件归结为名词短语的复数性，就在于即便对实体论元的数目要求最少的分配性谓词

[①] Huang 原文用的是事件(event)，考虑到本文讨论的对象不仅涉及事件，还包括状态、过程，因此这里笔者改为事态(eventuality)。相关论述另参见袁毓林(2005)。

而言,即一个事态只要求一个个体实体参与,多个事态必然也会涉及多个个体实体的参与。需要强调的是,"都"出现的条件是事态的复数性,而对其名词短语主语的复数性要求并非必不可少。尽管事态参与个体的复数性和事态的复数性在大多数情况下互相吻合,但在有些特殊的情况下两者并不一致,正是这些情况能够使我们真正看到"都"出现的条件究竟是什么。

第一种情况是,虽然主语名词短语为单个个体,但由于句中涉及了多个事态,"都"可以出现(Huang 1996)。如:

(29) a. 老王从早到晚都在家。
　　 b. 张三把那本书都看完了。
　　 c. 张三学中文都学了三年了。
　　 d. 我女儿都已经大学毕业了。

虽然以上各句中的名词短语主语均为单数个体,但由于它们都涉及了复数事态,"都"的出现是合格的。句(29a)中,状语"从早到晚"显然表明了事态"在家"是复数性的。句(29b)中,由于"那本书"的作用,"读那本书"作为一个过程事态可以被切分成若干片段,因此也可以理解为一种复数性的事态。根据 Huang(1996:87),句(29c)中至少包含了"张三过去学中文"和"张三现在学中文"的复数事态;句(29d)中,由于"了"的作用是表明状态的改变,因此也可以说涉及了多个事态。

第二种情况是:虽然主语名词短语是复数性的,但由于句中只涉及了单个事态,"都"仍然不可以出现。如:

(30) a. 所有的警察把书店包围了。
　　 b. ? 所有的警察都把书店包围了。
　　 c. 所有的警察都去包围书店了。
　　 d. 所有的团都包围了一个村子。

复数性谓词"包围"要求其主语必须是复数性的,但对其所表达的事态来讲,在句(30a, b)中,由于只是一个事态,因此即便主语是复数性的,但"都"仍倾向于不出现。然而,在(30c)中,由于所涉及的事态是"去包围书店",是复数性的,"都"的出现是必需的。同样的分析也适用于句(30d):由于该句所描述的是多个团包围村子这样一种复数性事态,因此"都"的出现是合格的。

下面我们再举一组例句,以进一步验证上面对"都"出现条件概括的正确性。

(31) a. 案子发生时,那四个人在吃饭。
b. 案子发生时,那四个人都在吃饭。
c. 案子发生时,那四个人在打桥牌。
d. ? 案子发生时,那四个人都在打桥牌。

句(31a)至少可以理解为"那四个人"在一起吃饭,当然也可以是各自在自己的家中吃饭,我们说前一种情况描述的是一种事态,后一种情况描述的是多个事态。句(31b)似乎更倾向于解释为各自在不同的场合吃饭(如自己家中),显然这种多个事态的优先解读与"都"的出现有关。由于打桥牌一般必须是四个人一起打,所以句(31c)倾向于解释为那四个人在一起打桥牌,当然这表达的是一种事态。但正是由于这种单一事态解读的优先性,才使得句(31d)中"都"出现时句子听上去怪怪的。即便能接受该句,似乎也只能解释为"案子发生时,那四个人都分别在不同的场合跟不同的人在打桥牌",这当然也是"都"的出现所致。

5.3.2 "都"的必然出现:"所有的、每(一)个"句式考察

前面我们讨论了"都"出现需满足的条件,即在什么情况下句中可以出现"都"。接下来要讨论的是,"都"在哪些情况下必须出现,在哪些情况下可以出现也可以不出现,且出现与否对句子的语义有何影响。

一般认为,在含有"所有的、每"等限定词的句子里面,必须出现"都",下面是一些例证:

(32) a. 所有的学生 *(都)来了。
b. 每(一)个人 *(都)来了。
c. 所有的同学 *(都)参加了昨天的比赛。
d. 每(一)名同学 *(都)参加了昨天的比赛。

大量的语言事实说明，无论是在含不及物动词的句子(32a，b)中，还是含及物动词的句子(32c，d)中，只要"所有的、每"等全称性或分配性算子出现，句子中必然要出现"都"，否则会产生不合格的句子。然而，正如 Huang (1995)所指出，当句中出现无定名词短语或反身代词时，"都"可以不出现：

(33) a. 每个厨师烧了一道菜。
  b. 每个候选人谈了谈自己。
  c. 每个歌星红了一年。

如何对(32)中"都"必须出现、(33)中"都"可以不出现(当然也可以出现)的现象做出统一的解释？Huang (1996)指出，"所有的、每"的语义都涉及了一个 skolem 函数①。简单讲，所谓 skolem 函数，其作用就是把两个变项连接起来，其中一个变项的赋值决定了另一个变项的赋值。正是由于"所有的、每"的语义都涉及了一个 skolem 函数，所以句法上才要求其辖域中必须出现一个变项，且该变项的赋值取决于受"所有的、每一个"约束的变项的取值。满足 skolem 函数所要求的变项有两种途径：一是通过无定名词短语的引入，因为无定名词短语对句子的作用就是引入变项，一是通过句子所隐含的事态论元变项引入。但鉴于 skolem 函数要求其辖域内变项的取值取决于受"所有的、每一个"约束的前一个变项的取值，因此，无论是名词短语所引入的个体变项，还是句子所隐含的事态论元，都必须是自由的，即不能受到存在封闭等其他类似算子的约束。由于无定名词短语本身的作用只是为句子引入变项，所以 skolem 函数可以自然地先于应用到 VP 内的存在封闭对其进行约束。然而，对事态论元而言，由于它本身是句子所隐含的，若要做 skolem 函数所要求的变项，还必须要通过某种显性成分的允准才能出现②，再加上 skolem 函数要求事态变项必须是复数

---

 ① Huang 的讨论只涉及了"每(一)个"，但我们认为"所有的"语义亦如此，至于两者的某些不同，参见下文有关的讨论。

 ② Huang 关于事态论元出现的一个基本假设是：每个句子都隐含了一个事态变项，且该变项必须受到显性成分的约束。英语中是通过具有显性形式的时态来约束事态变项，而汉语中由于没有时态显性形式，需借助于其他显性的词汇成分。

性的,因此"都"的强制出现也就顺理成章了①②。下面是以上几个句子的逻辑表达式:

(34) a. $\forall x [学生(x) \to [都(e, 来了) \wedge \text{Agent}(e, x)]]$③ ($= 32a = 32b$)

b. $\forall x [同学(x) \to [都(e, 参加了昨天的比赛) \wedge \text{Agent}(e, x)]]$ ($= 32c = 32d$)

(35) a. $\forall x [厨师(x) \to \exists e [烧了(e) \wedge \text{Agent}(e, x) \wedge \text{Theme}(e, f(x)) \wedge 菜(f(x))]]$ ($= 33a$)

b. $\forall x [候选人(x) \to \exists e [谈了(e) \wedge \text{Agent}(e, x) \wedge \text{Theme}(e, f(x)) \wedge f(x) = x]]$ ($= 33b$)

c. $\forall x [歌星(x) \to \exists e [红了(e) \wedge \text{Theme}(e, x) \wedge \text{Duration}(e, f(x)) \wedge 一年(f(x))]]$④

从(34)中可以看到,"都"对(32)中各句的合格性至关重要,因为

---

① 既然"都"出现的条件是复数性事态,当然"都"的合格出现也反过来能强制事态的复数性解读。

② 除了 Huang(1995)所指出的当句中出现无定名词短语或反身代词时,'都'可以不出现之外,另外我们还会发现在某些特定的语境条件下,"都"也可以不出现。

③ "都(e, 来了)"为真的条件是 e 为任意和谓词"来了"的语义一致的最小性事态,同时由于个体变项 x 占据的是这个事态变项的 Agent 角色(即"Agent(e, x)"的含义),从而满足了句中"所有的"所要求的 skolem 函数的要求。简言之,这里的事态变项 e 就是 skolem 函数约束的后项 f(x)。

④ 在 Huang 的分析框架中,变项的语义解释包括两个阶段。在第一阶段,句子中那些具有显性形态、词汇形式的成分可以直接翻译成变项。在第二阶段,那些语义解释必要但没有语音形式的成分由变项填充并进行解释。同时认为那些受 skolem 函数约束的变项必须在语义解释的第一阶段进行,因为它们本身就是诸如"每"等量化词逻辑式翻译中的一部分。由于英语句子普遍具有时态,事态变项由时态算子约束,因此事态变项在语义解释的第一阶段出现。相反,在汉语中由于没有显性的形态、词汇形式约束,因此事态变项在语义解释的第一阶段并不出现。然而,由于受 skolem 函数约束的变项必须在语义解释的第一阶段进行,而类似"每个人来了"等不出现"都"的句子中又不含事态变项,从而导致这类句子的不合格,也说明了"都"对这类句子合格的必要性。本文的不同之处在于,虽然汉语没有显性时态,但事态变项同样存在,只不过约束事态变项的不是时态,而是其他诸如名词短语的有定性、实指性、修饰语等其他一些显性成分。同时,我们认为也没有必要对语义解释进行两个阶段的区分。至于"每个人来了"之所以不合格,并非是因为该句中没有事态变项,而是因为事态变项由于没有受到合适的显性成分的允准,使它无法受 skolem 函数的约束。相反,"都"的出现使事态变项得以允准,同时"都"的语义也使得事态变项的复数性、倚变性得以保证,能够成为 skolem 函数所要求的变项。

只有当"都"出现并约束事态变项时,事态变项才能满足"所有的、每"所引发的 skolem 函数的要求,即事态变项的取值由前一个变项的取值来决定。不同的是,在(35)中,由于已经出现了满足 skolem 函数要求的变元,所以不再要求事态变项必须受 skolem 函数的要求,"都"可以不出现。但有趣的是,此时的事态变项并非因为不受到"都"的约束就表示单一的事态,因为尽管它受到的是存在封闭的约束,但由于它仍然处于全称算子的辖域之内,语义上仍然是复数性的事态。也就是说,(34)、(35)中的事态论元 e 都是表示复数性的事态,都具有随 skolem 函数第一个论元的取值变化而变化的倚变性,只不过这种倚变标记在(34)中出现了,而在(35)中没有出现罢了。

我们说在(33)中尽管"都"没出现,但事态论元由于仍处在"每"的辖域之内仍具有复数性、倚变性,这可以从下面的句子中得到证明(Huang 1996:47):

(36) a. 在今天的晚会上,每一个小孩要背一首唐诗。
　　　b. 在今天的晚会上,每一个小孩都要背一首唐诗。

语感上,我们会倾向于把句(36a)解释为每一个小孩背的是不同的唐诗,即唐诗随小孩表现出倚变性;而对于句(36b),则可以得出两种不同的解释,一是不同的小孩背不同的诗,一是所有的小孩背同一首诗。为何如此?由于(36a)中没有出现"都",能够受 skolem 函数约束的只能是"一首唐诗",这样一来,它就必然具有了倚变性,即只能是不同的小孩背不同的诗;相反在(36b)中,由于出现了"都",能够满足 skolem 函数要求的有两个变项:当无定名词短语"一首唐诗"受 skolem 函数约束时,得出的是不同的小孩背不同的唐诗;当"都"允准的事态变项受 skolem 函数约束时,得出的是不同的小孩背同一首唐诗,但无论是哪一种情况,"背唐诗"的事态都会随小孩的变化而变化。可以将两句的逻辑表达式分别记做:

(37) a. $\forall x [小孩(x) \rightarrow \exists e [背(e) \wedge \text{Agent}(e, x) \wedge \text{Theme}(e, f(x)) \wedge 唐诗(f(x)) \wedge \text{Loc}(e, 今天的晚会)]]$
　　　b. i. = a
　　　　 ii. $\exists y \forall x [小孩(x) \rightarrow [都(e, 背) \wedge \text{Agent}(e, x) \wedge \text{Theme}(e, y) \wedge 唐诗(y) \wedge \text{Loc}(e, 今天的晚会)]]$

然而,需要补充一点的是,我们说在含有"所有的、每"的句子中,如果出现无定名词短语,"都"可以不出现,但下面的句子说明,"所有的"和"每"在这方面的情况并不相同:即便在无定名词短语出现的情况下,含有"所有的"的句中必须出现"都",而含有"每"的句中"都"可以自由出现(当然"都"的出现与否会造成语义上的不同):

(38) a. 每个厨师(都)烧了一道菜。
   b. 所有的厨师*(都)烧了一道菜。

我们认为,"所有的"、"每"的这方面的不同源自词库中两个词性质的不同。Huang(1996)曾指出,"每"和无定名词短语的对应关系非常密切,谓词甚至可以省略,如下面的例(39a,b)。Mok Sui-Sang & Rose(1997)也指出,"每一个 N"和无定名词短语之间存在着对应关系,并且人们会自然地认为这种对应关系是完整的。在这种结构中,不仅"都"可以不出现,而且"每"有时也可以不出现,如例(40)。

(39) a. 今天晚上会餐,炸鱼管饱,两斤重的鱼,每人一条。
   b. 明天的选举,每人一票,不许弄虚作假。
(40) 这种鱼,五块钱三斤。

正是由于"每"和无定名词短语之间的这种强对应关系,使得无定名词短语能够在不出现"都"的情况下能够自然成为 skolem 函数约束的变项。但由于"所有的"不具备这种对应性,因此也只有借助于"都"的出现。

5.3.3 "都"的自由出现:"都"出现的语用动因

前面一节讨论了在"所有的 N、每(一)个 N"句式中,除非句子中含有与 N 对应的无定名词短语,否则"都"必须出现。本节我们讨论"都"同其他一些无定名词短语同现的情况。

Mok Sui-Sang & Rose(1997:148)在研究"都"的语义、语用特征时,曾区分明言事态命题(asserted eventuality proposition)和背景事态命题(background eventuality proposition)一对概念,认为背景事态命题的集合中包括至少这样一个事态命题,在句子没有明言的情况

下,有可能是真的。基于这两种事态命题的区分,他们把"都"出现的条件概括为:

> 对有可能被"都"量化的名词短语来讲,如果背景事态中的事态命题都被明言事态中的事态命题所蕴涵,但明言事态中的事态命题并不被背景事态中的命题所蕴涵,那么句子中一定要出现"都"。否则,"都"不出现。

换言之,在"都"出现的句子中,明言事态命题必须比背景事态命题包含更多的信息,即除了背景事态以外,明言事态命题中还应包括那些背景事态命题中并不包含的事态。或者说,如果预计的背景事态命题是明言事态命题的子集,可以用"都";如果背景事态大于或等于明言事态命题,则不能用"都"。当然,无论有"都"无"都",句子总应该表达比语境中更多的信息,但有了"都"这种要求更加明确。下面以实例来演示该条件的具体应用:

(41) a. 那些学生很聪明。
　　 b. 那些学生都很聪明。

在"都"出现的(41b)中,一定存在着下面两个命题的对立:
设"那些学生"=张三、李四、王五
明言事态命题=张三很聪明;李四很聪明;王五很聪明
背景事态命题=张三很聪明;李四很聪明

正是由于背景事态是明言事态的子集,所以才出现了"都"。但对于"都"未出现的(41a)来讲,就不存在这样两种事态的对立。另外,从真值条件上看,句a允许有少数例外,但句b不能。

再如,在其他背景信息相同的情况下,如果说话人预料学生可能知道答案,那么他会说下面的(42a);反之,如果估计没有学生知道答案,则会说下面的(42b):

(42) a. 三分之一的学生知道答案。
　　 b. 三分之一的学生都知道答案。

另外,Mok Sui-Sang & Rose 认为,"都"对语境的这种依赖性除了能够解释明言事态集合和背景事态集合相交的情况,还可以解释这两个集合不相交的情况①：

(43)（连）李四都来了。
　　明言事态命题：李四来了。
　　背景事态命题：张三来了；王五来了。

可以看出，尽管这里的明言事态命题和背景事态命题不相交，但由于前者仍蕴涵了后者②，所以"都"可以出现。

总之，照 Mok Sui-Sang & Rose 看来，无论"都"是解释为"全部"，还是做"甚至"讲，在区分明言事态命题和背景事态命题的前提下都可以得到统一的解释，即"都"的使用均归因于一种合适的语用环境，即明言事态命题蕴涵背景事态命题。正因如此，他们将这种对"都"用法的概括称做非量化性解释（non-quantificational account）。

5.3.4 无定名词短语和"都"的同现规律：实指性程度

前面介绍的无论是对"都"出现的量化解释，还是非量化解释，它们都能对"都"和名词短语的同现规律做出某些解释。两种解释的区别在于：前者能较好地解释"都"的强制出现，属语义学的范畴；后者则能够更好地对"都"的自由出现以及出现与否对句子所造成的语义差异进行解释，属语用范畴③。但这里我们更关注的问题是，并非汉语中所有的无定名词短语都可以和"都"同现，除了合适的语境，"都"的出现还与名词短语自身的语义密切相关。先看实例：

(44) a. *昨天的婚筵上，所有的(/每一个)人喝醉了。
　　　b. 昨天的婚筵上，所有的(/每一个)人都喝醉了。
　　　c. *昨天的婚筵上，有所有的(/每一个)人喝醉了。
　　　d. *昨天的婚筵上，有所有的(/每一个)人都喝醉了。

---

　① Mok Sui-Sang & Rose 分别将这两种情况概括为"都"的两种用法，即表示"全部"和表示"甚至"。
　② 这种蕴涵关系是因为张三、王五和李四形成了一个"来"的可能性等级，参见崔希亮(1993)。
　③ 我们认为这种语用解释还可以很好地解释为何在含"所有的、每"的大多数句子中必须出现"都"，因为但凡这样的句子，其明言事态命题都蕴涵了背景事态命题，背景事态命题是明言事态命题的子集。

(45) a. 昨天的婚筵上,大部分(/很多/一半的/一半以上的)人喝醉了。
   b. 昨天的婚筵上,大部分(/很多/一半的/一半以上的)人都喝醉了。
   c. 昨天的婚筵上,有大部分(/很多/一半的/一半以上的)人喝醉了。
   d. ? 昨天的婚筵上,有大部分(/很多/一半/一半以上)人都喝醉了。

(46) a. ? 昨天的婚筵上,三个人/大约五个人喝醉了。
   b. ? 昨天的婚筵上,三个(/大约五个)人都喝醉了①。
   c. 昨天的婚筵上,有三个(/大约五个)人喝醉了。
   d. * 昨天的婚筵上,有三个(/大约五个)人都喝醉了。

(44—46)三组例句包含了三类名词短语,分别是:所有的/每一个人;大部分/很多/一半的/一半以上的人;三个人/大约五个人。每组中的 a, b, c, d 分别代表了四类不同的句子:a 类句既不出现"都",也不出现"有";b 类句只出现"都";c 类句只出现"有";d 类句"有"、"都"同时出现。如果我们的语感可靠的话,可以得出如下观察:(一)"所有的/每一个人"必须和"都"同现;(二)"大部分/很多/一半的/一半以上的人"等既可和"都"同现,也可和"有"同现,还可以既不用"都"也不用"有";(三)"三个人/大约五个人"等必须和"有"同现;(四)"有"和"都"始终不能同现。当然,我们的目的并非是仅仅做出这些观察,而是要说明这些观察的意义何在,如何对这些现象做出解释。

首先我们看观察(四),即为什么"有"和"都"不能同现。"有"的基本语义是表示存在②,其用法之一是能够使实指性程度弱的名词短语能够合法地出现在主语位置。如前所言,所谓实指性程度弱,指的是名词短语本身不先设其所指的存在。正是由于某些无定名词短语的实指性程度弱,它们才不能自由出现在主语位置,需借助于"有"才能保证其出现在主语位置上的合法性。前面小节对"都"的讨论中,我们

---

① 应该说"三个人都喝醉了"完全合法,但"三个人"必须是定指的,这种情况不在考虑之内。

② 当然,"有"还有一种基本用法是表示"拥有",这个不在本书所讨论的范围之内。

论述了"都"在含"所有的、每"的句子中必须出现和在另一些句子中自由出现的情况,结论是,无论哪一种情况,"都"出现的动因都是句子的明言事态命题集合蕴涵句子的背景事态命题集合。既然出现"都"的句子的明言事态命题集合都蕴涵了其背景事态命题集合,那么就可以推出处在含有"都"的句子中主语位置上的名词短语一定是具有先设性的一类名词短语,当然也可以说成是实指性程度强的名词短语。现在的情况是,"都"要求句子主语位置上的无定名词短语实指性强,而"有"又是使实指性程度弱的名词短语得以合法出现在主语位置上的一种手段,既然它们对主语位置上的名词短语的实指性强弱要求正好相反,不能同时出现于句中就见怪不怪了。简言之,"有"和"都"之所以不能同时出现在句中,就在于它们对句中主语位置上的名词短语的语义属性要求不同(正好相反),或者说根源在于它们语义上的不相容。

认识到"有"和"都"对无定名词短语的不同语义属性要求,再来解释观察(一)至(三)就容易得多了。对于必须和"都"同现的一类名词短语来讲,它们的实指性程度最强。正是这类名词短语的强实指性使得它们所出现的句子所表达的明言事态命题一定蕴涵了其背景事态命题,再加上其引发的 skolem 函数的内在要求,"都"必须出现。相反,对于必须借助"有"才能出现在主语位置上的一类无定名词短语来讲,它们的实指性程度最弱,从而也导致了其不能和"都"同现。当然,数量最多的还是既能和"有"同现也能和"都"同现的一类名词短语,它们的实指性程度表现为中等,也正因如此它们才既可以像实指性强的名词短语那样可以和"都"同现,也可以像实指性弱的名词短语那样和"有"同现。但在这两种不同的情况下,名词短语的实指性程度还是不同的:在(45b)中,各个无定名词短语倾向于是实指的、先设性的;在(45c)中,各个名词短语则倾向于是虚指的、存在性的。实指性程度中等的这类名词短语在"有"和"都"的语境中所表现出的不同的实指性,可以从下面含有无定名词短语"五个人"的(47)中更清楚地得到说明:(47a)中的"五个人"倾向于是存在性的、虚指的;(47b)中的"五个人"则倾向于是先设性的、实指的(甚至是定指的)。

(47) a. 昨天的婚筵上,有五个人喝醉了。

b. 昨天的婚筵上,五个人都喝醉了。

总之,通过对不同类型的无定名词短语和"有"、"都"同现的情况之考察,我们发现无定名词短语的句法分布与它们的实指性程度密切相关。可以说,在某种程度上,是它们自身的实指性程度决定了其句法分布。将上述讨论总结如下:

限定词类型	实指性程度	和"有"同现	和"都"同现
所有的/每	最强	不可以	必需
大多数/很多等	中等	可以	可以
三/大约五个等	最弱	必需	不可以

5.3.5 小结

在本小节,通过对不同类型的无定短语和"都"、"有"同现情况的考察,我们发现:自身实指性程度最强的无定名词短语(即强限定词无定名词短语)在大多数情况下必须和"都"同现,不能和"有"同现;自身实指性程度弱的无定名词短语,不能和"都"同现,在大多数情况下必须借助"有"才能出现在主语位置[①];自身实指性程度表现为中等的无定名词短语既可以和"都"同现,还可以和"有"同现。由此可以看出,除了事态句和非事态句这种不同的句子类型能够对无定名词短语的分布和解释产生影响外,无定名词短语自身的语义属性同样也是决定其分布和解释的重要因素。对汉语无定名词短语语义特征的全面考察,必须建立在对这两种因素的综合考虑之上。

---

① 当然,如前所言,由于这类弱限定词短语自身又具有歧义属性,它们在某些情况下可以和"都"同现,如(47b)。这里的概括仅是就其作为弱限定词短语的一面而言。

第六章　结束语

6.1 研究结论

本研究在话语表达理论、(扩充)映射假说、事态语义学、广义量词理论等理论假设的基础之上,着重从句法—语义的接口层面,对包括光杆名词短语在内的汉语无定名词短语的语义特征(包括指称性和量化性两个方面)以及句法分布特点进行了较为系统的研究,对制约并影响汉语无定名词短语句法分布和语义解释的各种因素进行了较为详尽的描写和解释。现将本书的主要研究发现总结如下:

一、参照事态语义学的基本观点,提出了区分事态句和非事态句、无定名词短语具有指称和量化二重性的理论假设。为何有的无定名词短语可以自由地出现在主语位置,而另有一些却要受到很多的限制？为何有的无定名词短语倾向于做类指解释,而有的却只能倾向于做个指解释？作为无定名词短语两种基本语义属性的指称性和量化性,为何会在不同的句子中有着不同的表现？为何有的无定名词短语只具有量化意义,而有的无定名词短语既具有量化意义又具有指称意义？为何有的情态动词能造就合格的无定名词短语主语句,而有的就不能？凡此种种,我们认为都能基于以上假设进行统一解释。

二、根据 Jäger 的"语篇连接原则",我们尝试性地提出了"广义话题普遍性"假设,认为所有自然语句都包含了一个广义的话题成分,同时作为旧信息内容的承载者,它一般不带有句子重音(对比话题除外),起到使句子和语篇连接的作用。同时,基于英、汉语在是否允许无定名词短语主语句方面的差异,假设话题在类似英语等语言中可以由某些隐性成分来担任,而在汉语等语言中则必须是显性的。我们认为,"广义话题普遍性假设",可以对句中光杆名词短语的类指、非类指或定指、非定指的对立进行解释。

三、相对于其他同类研究,本书对汉语无定名词短语语义特征的考察较全面、系统,这主要表现在我们的研究综合考虑了以下三个不同方面的因素:一是区分了事态句和非事态句,从句子所表达的不同语义类型视角来审视汉语无定名词短语的语义解释;二是借鉴并引用了旨在反映句法、语义联系的"(扩充)映射假说",把无定名词短语的语义同其所处的句法位置联系起来,考察了句子的语序、层阶结构等句法因素对无定名词短语语义的影响;三是对汉语无定名词短语自身固有的指称和量化二重性,以及不同类型的无定名词短语在指称、量化属性方面所表现出来的差异进行了关注。认为各种无定名词短语在句中语义解释的不同,只是其指称义和数量义彰显程度的不同;做不定指解释的无定名词短语主语的种种限制条件,可以统一概括为"无定主语只能是在存现句中",这是由存现句的语义、句法结构和无定名词短语自身的变项性质决定的。

四、在语言事实方面,我们重新对有关文献中如范继淹(1985)、Tsai(2001;2002;2004)、Li(1998)等有关涉及汉语无定名词短语的语句进行了再分析,在语言事实、理论解释方面提出了一些不同的看法。尤其是在第五章,我们从更多的语言事实出发,一方面对汉语无定名词短语主语的语义限制进行了较为详尽的讨论,另一方面还考察了汉语无定名词短语同"有"、"都"的同现规律,对无定名词短语的某些句法分布特点进行了归纳和解释。

6.2 研究不足及后续研究展望

本研究的不足主要表现在以下两个方面:

首先,目前有关无定名词短语语义解释的文献不仅数量多,而且研究视角也大相径庭。与无定名词短语的语义相关的一些基本概念,如有指/无指、定指/不定指、实指/虚指、类指/个指等,不仅多而且也缺乏一个能够被普遍认可的清晰、严格的概念体系。本书并没有对此进行太多深究,只是为了讨论的方便选取了目前较被认可的一种代表性观点。但作为专门讨论汉语无定名词短语语义特征的著作,这种取舍也许难免会是一种缺憾,尚有待于今后研究的深入来弥补。

其次,所举自然语句合格性的判断,以及句中无定名词短语的语义解释,大都建立在我们的语感之上。但毋庸置疑,语感有时会因人而异,这难免会影响我们对语言事实的判断,在某种程度上会削弱理论应有的解释力、可靠性。

如果说以上不足主要是由于我们的研究时限或者对研究的可操作性等因素的考虑的话,那么在研究内容方面,本书的研究至少还在很多问题上没有详尽展开。例如,在语言类型学方面,我们曾尝试性地提及了英、汉语在某些方面的系统性对立,如:英语的话题可以是隐性的,汉语的话题必须是显性的;较之英语等语言,汉语句子对语篇的依赖性更强;汉语冠词系统、屈折形态的缺乏,造就了汉语无定名词短语句法、语义方面的复杂、多样。凡此种种,目前只是基于我们现有讨论的一些初步观察,更有说服力及理论价值的论证尚有赖于今后研究的进一步深入。

参考文献

Barwise, J. and Cooper, R. 1981. Generalized Quantifiers and Natural Language. *Linguistics and Philosophy* 4.

Carlson, Gregory N. 1977. *Reference to Kinds in English*. Doctoral dissertation. University of Massachusetts.

Carlson, Gregory N. 1989. On the Semantic Composition of English Generic Sentences. In G. Chierchia, B. Partee & R. Turner (eds.). *Properties, Types and Meaning. Volume 2: Semantic Issues*. Kluwer.

Chao, Yuan-ren. 1968. *A Grammar of Spoken Chinese*. University of California Press.

Chen, Ping. 2003. Indefinite Determiner Introducing Definite Referent: A Special Use of 'yi 'one' + classifier' in Chinese. *Lingua* 113.

Chen, Ping. 2004. Identifiability and Definiteness in Chinese. *Linguistics* 42-6.

Cheng, Lisa Lai-shen. 1991. *On the Typology of Wh-questions*. Cambridge, MA: MIT dissertation.

Cheng, Lisa Lai-shen. 1995. On Dou-quantification. *Journal of East Asian Linguistics* 4.

Cheng, Lisa Lai-Shen & Sybesma, Rint. 1999. Bare and Not-So-Bare Nouns and the Structure of NP. *Linguistic Inquiry* 30.

Chierchia, Gennaro. 1995. Individual Level Predicates as Inherent Generics. In G. Carlson and J. Pelletier (eds.). *The Generic Book*. The University of Chicago Press.

Chierchia, Gennaro. 1998. Reference to Kinds across Languages. *Natural Language Semantics* 6.

Christophersen, Paul. 1939. *The Articles: A Study of Their Theory and Use in English*. Munksgaard.

Davidson, Donald. 1966. The Logical Form of Action Sentences. In N. Rescher (eds.). *The Logic of Decision and Action*. University of Pittsburgh Press.

Diesing, Molly. 1992. *Indefinite*. MIT Press.

Fernald, Theodore B. 1999. *Predicates and Temporal Arguments*. Oxford University Press.

Fodor, Janet D. and Sag, Ivan A. 1982. Referential and Quantificational Indefinites. *Linguistics and Philosophy* 5.

Givón, T. 1978. Definiteness and Referentiality. In J. Greenberg, C. Ferguson & E. Moravcsik (eds.). *Universals of Human Language* Vol. 4. Stanford University Press.

Gundel, Jeanette K., Nancy Hedberg & Ron Zacharski. 1993. Cognitive Status and the Form of Referring Expressions in Discourse. *Language* 69.

Hallman, Peter. 2004. NP-interpretation and the Structure of Predicates. *Language* 80.

Hawkins, John A. 1978. *Definiteness and Indefiniteness: A Study in Reference and Grammaticality Prediction*. Croom Helm.

Heim, Irene. 1982. *The Semantics of Definites and Indefinites*. Doctoral dissertation. University of Massachusetts.

Hsin, Ai-li. 2002. On Indefinite Subject NPs in Chinese.《汉学研究》,第20卷第2期。

Huang, C.-T. James. 1987. Existential Sentences in Chinese and (in) Definiteness. In E. Reuland and A. ter Meulen (eds.). *The Representation of (in)definiteness*. MIT Press.

Huang, Shi-zhe. 1996. *Quantification and Predication in Mandarin Chinese: A Case Study of DOU*. Doctoral dissertation. University of Pennsylvania.

Jäger, Gerhard. 1999. Stage Levels, States, and the Semantics of the Copula. *ZAS Papers in Linguistics* 15.

Jiang Yan, Pan Haihuang & Zou Chongli. 1997. On the Semantic Content of Noun Phrases. In Xu Liejiong (eds.). *The Referential Properties of Chinese Noun Phrases*. CRLAO.

Kadmon, Nirit. 2001. *Formal Pragmatics: Semantics, Pragmatics, Presupposition and Focus*. Blackwell Publishers.

Kamp, Hans. 1981. A Theory of Truth and Semantic Representation. In J. Groenendijk, T. Janssen, and M. Stokhof (eds.). *Truth, Interpretation and Information*. Foris.

Keenan, Edward. 1996. The Semantics of Determiners. In Shalom Lappin (eds.). *The

Handbook of Contemporary Semantic Theory. Blackwell.

Kratzer, Angelika. 1995. Stage-level and Individual-level Predicates. In Gregory N. Carlson and Francis J. Pelletier (eds.). *The Generic Book.* University of Chicago Press.

Kratzer, Angelika. 1996. Severing the External Argument from Its Verb. In J. Rooryck and L. Zaring (eds.). *Phrase Structure and the Lexicon.* Kluwer.

Kratzer, Angelika. 1998. Scope or Pseudo-scope? Are there Wide-Scope Indefinites? In Rothstein, S. (eds.). *Events in Grammar.* Kluwer.

Krifka, Manfred. 1995. Common Nouns: A Contrastive Analysis of Chinese and English. In Greg N. Carlson & Pelletier (eds.). *The Generic Book.* The University of Chicago Press.

Krifka, Manfred. 2004. Bare NPs: Kind-referring, Indefinites, Both, or Neither? In O. Bonami & P. Cabredo Hofherr (eds). *Empirical Issues in Formal Syntax and Semantics* 5.

Lee, Hun-tak Thomas. 1986. *Studies on Quantification in Chinese.* Doctoral dissertation. UCLA.

Lewis, David. 1975. Adverbs of Quantification. In E. L. Keenan (eds.). *Formal Semantics of Natural Languag.* Cambridge University Press.

Li, Charles N and Thompson, Sandra A. 1981. *Mandarin Chinese: A Functional Reference Grammar.* University of California Press.

Li, Jie. 1997. Predicate Type and the Semantics of Bare Nouns in Chinese. In Xu Liejiong (eds.). *The Referential Properties of Chinese Noun Phrases.* CRLAO.

Li, Yen-hui Audrey. 1996. *Indefinite Subject in Mandarin Chinese.* Ms. USC.

Li, Yen-hui Audrey. 1998. Argument Determiner Phrases and Number Phrases. *Linguistics* 29.

Lin, Jo-wang. 1996. *Polarity Licensing and Wh-phrase Quantification in Chinese.* Doctoral dissertation. University of Massachusetts.

Liu, Feng-hsi. 1997. *Scope and Specificity.* John Benjamins.

Longbardi, G. 1994. Reference and Proper Names: A Theory of N-Movement in Syntax and Logical Form. *Linguistic Inquiry* 25.

Lyons, Christopher. 1999. *Definiteness.* Cambridge University Press.

May, Robert Carlen. 1977. *The Grammar of Quantification.* Ph. D. dissertation. MIT.

May, Robert Carlen. 1985. Logical Form: Its Structure and Derivation. *Linguistic Inquiry Monograph* 12.

Milsark, Gary. 1974. *Existential Sentences in English*. Ph. D. dissertation. MIT.

MOK, Sui-sang & ROSE, Randall. 1997. The Semantics and Pragmatics of DOU: A Non-quantificational Account. In Xu Liejiong (eds.). *The Referential Properties of Chinese Noun Phrases*. CRLAO.

Parsons, Terence. 1990. *Events in the Semantics of English: A Study in Subatomic Semantics*. MIT Press.

Portner, Paul. 2002. Topicality and (non-)specificity in Mandarin. *Journal of Semantics* 19.

Quine, W. V. O. 1960. *Word and Object*. MIT Press.

Stockwell, R. P., P. Schachter, and B. H. Partee. 1973. *The Major Syntax Structures of English*. Holt, Rinehart & Winston.

Sybesma, 1992. *Causatives and Accomplishments: The Case of Chinese "Ba"*. HIL.

Tsai, Wei-Tien Dylan. 1994. *On Economizing the Theory of A-bar Dependencies*. Doctoral dissertation, MIT.

Tsai, Wei-Tien Dylan. 2001a. On Subject Specificity and Theory of Syntax-semantics Interface. *Journal of East Asian Linguistics* 10.

Tsai, Wei-Tien Dylan. 2001b. On Object Specificity. In *Papers on Predicative Constructions. ZAS Papers in Linguistics* 22.

Tsai, Wei-Tien Dylan. 2003. Three Types of Existential Quantification in Chinese. In Li, Audrey and Andrew Simpson (eds.). *Functional Structure(s), Form and Interpretation: Perspectives from Asian Languages*. Routledge Curzon.

Vendler, Zeno. 1957. Verbs and Time. *Philosophical Review* 56.

von Heusinger, Klaus. 2002. Specificity and Definiteness in Sentence and Discourse Structure. *Journal of Semantics* 19.

Westerståhl. D. 1985. Logical Constants in Quantifier Languages. *Linguistics and Philosophy* 8.

Wilkinson, K. 1991. *Studies in the Semantics of Generic NP's*. Ph. D. dissertation. University of Massachusetts.

Xu Liejiong. 1997. Limitations on Subjecthood of Numerically Quantified Noun Phrases: A Pragmatic Approach. In Xu Liejiong (eds.). *The Referential*

Properties of Chinese Noun Phrases. Paris.

Yang, Rong. 2001. *Common Nouns, Classifiers and Quantification in Chinese*. Doctoral dissertation. New Brunswick, New Jersey.

Yeh, Meng. 1996. An Analysis of the Experiential guo exp in Mandarin: A Temporal Quantifier. *Journal of East Asian Linguistics* 5.

Zhang, Ning. 1997. A Binding Approach to Eventuality Quantification in DOU Construction. In Xu Liejiong (eds.). *The Referential Properties of Chinese Noun Phrases*. Paris.

蔡维天,2002,一、二、三,《语言学论丛》第26辑,商务印书馆。

蔡维天,2004,北京大学汉语语言学研究中心系列讲座。

陈 平,1987,释汉语中与名词性成分相关的四组概念,《中国语文》,第2期。

崔希亮,2001,《语言理解与认知》,北京语言文化大学出版社。

范继淹,1985,无定NP主语句,《中国语文》,第5期。

方 立,2000,《逻辑语义学》,北京语言文化大学出版社。

古川裕,2001,外界事物的"显著性"与句中名词的"有标性"——"出现、存在、消失"与"有界、无界",《当代语言学》,第4期。

黄师哲,2004,无定名词主语同事态论元的关系,《中国语言学论丛》,北京语言大学出版社。

黄正德,2007,汉语动词的题元结构与句法表现,《语言科学》,第4期。

蒋 严、潘海华,1998,《形式语义学引论》,中国社会科学出版社。

刘丹青,2001,论元分裂式话题结构初探,《语言研究再认识——庆祝张斌先生从教50周年暨80华诞》,上海教育出版社。

刘丹青,2002,汉语类指成分的语义属性和句法属性,《中国语文》,第5期。

刘月华等,1983,《实用现代汉语语法》,外语教学与研究出版社。

陆俭明,1986,周遍性主语句及其他,《中国语文》,第3期。

陆俭明,2003,《现代汉语语法研究教程》,北京大学出版社。

陆 烁、潘海华,2009,汉语无定主语的语义允准分析,《中国语文》,第6期。

潘国英,2005,名词的语义特征和同语格的实现,《修辞学习》,第2期。

沈家煊,1998,《不对称和标记论》,江西教育出版社。

沈 园,2000,逻辑判断基本类型及其在语言中的反映,《当代语言学》,第2期。

施春宏,2001,名词的描述性语义特征与副名组合的可能性,《中国语文》,第3期。

隋 娜、王广成,2009,汉语存现句中动词的非宾格性,《现代外语》,第3期。

王 珏,2001,《现代汉语名词研究》,华东师范大学出版社。

王广成,2006,两种条件句式的语义、句法解释,《语言科学》,第6期。
王秀卿、王广成,2008,汉语光杆名词短语的语义解释,《现代外语》,第2期。
文卫平,2010,英汉光杆名词的语义分析,《外语教学与研究》,第1期。
熊仲儒,2004,《现代汉语中的致使句式》,安徽大学出版社。
熊仲儒,2009,汉语中无定主语的允准条件,《安徽师范大学学报》,第5期。
徐烈炯,1995,《语义学(修订本)》,语文出版社。
徐烈炯,2002,汉语是不是话语概念结构化语言,《中国语文》,第5期。
徐烈炯、刘丹青,1998,《话题的结构与功能》,上海教育出版社。
徐烈炯、刘丹青,2003,《话题与焦点新论》,上海教育出版社。
袁毓林,2004,"都、也"在"Wh+都/也"中的语义贡献,《语言科学》,第5期。
袁毓林,2005,"都"的加合性语义功能及其分配性效应,《当代语言学》,第4期。
詹卫东,2004,范围副词"都"的语义指向分析,《汉语学报》,第1期。
张　敏,1998,《认知语言学与汉语名词短语》,中国社会科学出版社。
张旺熹,1999,《汉语特殊句法的语义研究》,北京语言大学出版社。
张新华,2007,与无定名词主语句相关的理论问题,《北京大学学报》(哲学社会科学版),第6期。
朱德熙,1982,《语法讲义》,商务印书馆。

主要术语中英文对照表

饱和性	saturation	控制谓词	control predicate
变项	variable	宽域	wide scope
不定指	non-identifiable	类指	generic
不透明语境	opaque context	类指算子 GEN	generic operator GEN
层阶结构	heirarchichal structure		
成分统治	c-command	量词	classifier
存在封闭	existential closure	量化	quantification
定指	identifiable	量化词	quantifier
对比焦点	contrastive focus	量化词提升	quantifier raising
非事态句	non-eventative sentence	驴句	donkey sentences
		逻辑表达式	logical representation
分配性解读	distributive reading		
否定算子	negative operator	逻辑式	logical form
个体	individual	内涵动词	intensional verb
个体性质	property of individual	囊括性	inclusiveness
个指	non-generic	评述	comment
光杆名词短语	bare NP	强限定词	strong determiner
函数	function	情景	situation
合格性	well-formedness	情态算子	modal operator
合取	conjunction	全称量化词	universal quantifier
核域	nuclear scope	弱限定词	weak determiner
恒常性谓词	individual predicate	三分结构	tripartite structure
话题	topic	涉实	de re
基数性解释	cardinal reading	涉虚	de dicto
焦点	focus	生成语法	generative grammar
阶段	stage	实指	specific
阶段性质	property of stage	实指性	specificity
可识别性	identifiability	实指性程度	specificity degree

主要术语中英文对照表

事态	event	限制语	restriction
事态	eventuality	性质	property
事态句	eventuative sentence	虚指	non-specific
事态论元	eventuality argument	隐性	covert
		映射	mapping
事物	entity	映射假说	Mapping Hypothesis
熟悉性	familiarity	有定性	identifiability
述位	rheme	有指	referential
瞬时性谓词	stage predicate	语境	context
算子	operator	语篇	discourse
所指	denotation	蕴涵	entailment
提升谓词	raising predicate	窄域	narrow scope
唯一性	uniqueness	真值条件	truth condition
无定名词短语	indefinite NP	整体性解读	collective reading
无指	non-referential	指称	referentiality
物体	object	指示词	deixis
辖域	scope	种类	kind
先设	presupposition	种类谓词	kind predicate
显形	overt	主位	theme
限定词	determiner	专有名词	proper noun
限定词短语	DP	最简方案	Minimalist Program
限制性修饰语	restrictive modifier		